未婚、高学歴、ノンキャリアという生き方

25パーセントの女たち

梶原 公子［著］

あっぷる出版社

序章

「25パーセントの女たち」という新たなカテゴリー

ウエディングドレスシンドローム

今から20年以上前になる。１９９０年代初め、私は静岡県のとある県立女子高校に勤務していた。この高校では毎年10月に行われる学園祭で、必ず盛り上がる催し物があった。洋裁部という部活動があって、そこの生徒たちが縫ったウエディングドレスを生徒が着る、彼女は教員の中から選ばれた花婿役の男性教員（もちろん若くてイケメン）と腕を組んで舞台に登壇し、ウエディングマーチに乗って会場を行進するというイベントだ。会場はウエディングドレスシンドロームに侵されたかのように、花吹雪と歓声と熱気に包まれて終了する。この学校では大学進学率はそれほど高くはなく、女子高生たちの関心はもっぱら「おしゃれと彼氏」だった。卒業後同窓会などで彼女たちに会って話をすると、「人生の目標は結婚」とばかりに卒業後早々に結婚した人が多く、30歳そこそこで中学生の娘がいるという人もいる。

このような傾向は90年代初めのことで、大学進学を目指さない女子高だったから際立っていたのではないかという見方もできる。確かにその向きはあるが、そうとばかりは言えない。半年ほど前、とある知り合いの方の結婚式に参列した。披露宴には髪を結いあげ、大振袖で着飾った若い女性がいた。周囲の人が彼女の振り袖をほめると、「営業活動なんです」と嬉しそうに答えた。これはもちろん、結婚という「就職先」を決めるために着飾っているという意味だ。

「女性はみんないずれ結婚するもの」だから営業活動は「結婚→出産→子育て→主婦として家庭中心、でも再就職という社会進出もする」。そのコースに乗るための第一歩というわけだ。彼女は「私いま31なんです。でも35までに子どもを生みたい。だから34くらいまでには結婚しなきゃいけないんです」とこっそり言った。

当たり前のコースに乗ることは女性自身も親も周囲の人たちも〈幸せになる道〉と信じているから、みんな「がんばってね」と彼女を応援した。一方、ごく一部に結婚しないでずっと仕事を頑張る、結婚しても仕事をやめないで続けるキャリア・ウーマンがいる。「女性は必ずこのどちらかのカテゴリーに入る」という多くの人の思いがウエディングドレスシンドロームを作りだしている。それは90年代だけでなく戦後一貫して、そして今なお続いている。

新たなカテゴリーの女性たち

ところが2000年代に入って、若年女性の様子がどうも違ってきているのではないかと思うようになった。90年代終わりに女子高生だった人たちは、現在すでに20代後半から30代初めになっている。30くらいになればそのうち結婚するだろう、と思っていた。ところが、そういう女性がいつまでたってもその気配すら見せないのだ。不審に思って尋ねたりしても「彼氏はいません」と困った顔一つせずにいう人も多い(困った顔をしなくてはいけないなどというものではないが)。「そのうちいい人が現れたら結婚したいなと思っています」と答える人もいるが、「いい人」が天から降って湧いてくるかのような能天気な面持ちなのだ。なかには30歳を過ぎて、結婚願望捨てがたく結婚紹介所に「7万円も払って」加入し、「それなりの人」を紹介されたものの交際が全くうまくいかず早々に脱会した人もいる。つまり、結婚はしたいと思っていても「結婚が人生の目標」ではない。いつまでも自分のペースで生きていきたい、そう考える女性が明らかに増えているのである。

こういった女性は、すべてといっていいくらいが4年制大学卒で、なかには大学院や専門学校に進んだ人もいる。そして就職し、その後転職を繰り返す人も多く、非正規労働やNPOで働く人もいる。いずれにしても、一貫して賃金労働に携わっている。専門職といえる人もいれば特に専門的技術、知識が要求される仕事に就いていない人もいる。そんなに多くの給料を稼いでいるわけではない。一人暮らしもいれば親と同居している人もいる。そしてここが今までと違ってきているところだが、そのほとんどが「結婚が人生」を主義信条にしていない。総じていうと以上のような〝共通項〟でくくることができる。

それにしても、彼女たちはなぜ結婚する気配すら見せないのだろうか。私にはそれが大きな謎だった。ただ、彼女たちを単に結婚年齢が高くなった人たち、いわゆる嫁ぎ遅れと捉えるのではダメなのだ、ということはわかってきた。「これまでのカテゴリーには属さない、当たり前のコースに乗らない若年女性が出現した」と捉えなければいけないのではないかと思うようになったのである。そう思ったときようやく「結婚する気配のない彼女たち」の謎が解け始めたのである。

「そういう傾向を称して晩婚化、少子化と呼ぶわけでしょう。別段珍しいことではないと思います」と言われるかもしれない。確かに現象としてはそのように呼べるだろう。しかし、晩婚化や少子化という括り方は「女性はいずれ結婚して家庭に入るもの」という、いわば家父長制に基づいた従来型目線でモノを言っているに過ぎない。よくよく彼女たちに接近し、深層心理に迫るような話を聞くと彼女たちの生き方、存在を、家父長制的な従来型目線で判断するのには無理があることに気づく。「女性とはこのように生きるもの」という既存の見方を取り払ってみないと、若年女性のこの変化の真相はつかめないのである。

私は20年余り、女子高を中心に家庭科教員として勤務してきた。その中で「家庭科男女共修運動」にかかわり、フェミニズムにも強い関心を持ってきた。それは個人的かつささやかな足跡に過ぎないが、私なりに真剣に取り組んできたのであった。

ところが「女性解放運動＝フェミニズム」は残念ながら全くといってよいほど生徒、つまりは女子高校生たちと共有することができず、「なぜできないのか」という疑問だけがくすぶり続けてきた。時代は変わっているはずなのに、相変わらず若い女性は嬉々として家父長制的結婚制度に入っていくのである。これは明治期と根本は変わらないのではないか、どうして従来型の結婚や家族、家庭に疑問を持たないのだろうか。これが、私が30年近く忸怩たる思いを抱え続けてきた〈問題〉である。

ところが、２０００年代になって、これまでのカテゴリーに属さない若年未婚女性が現れてきたのである。彼女たちは明らかに家父長的結婚をどこかで拒否している。ただし、それはフェミニズムが主張する「女性は自立すべし」という考えに基づいているからではない。かといってフェミニストに代わるオピニオンリーダーに導かれているわけでもない。連帯し、団結しグループになって活動するわけでもない。むしろ彼女たちは社会の中で孤立し疎外されているのではないかという印象すらある。ただ、確かに一定の層として存在しているのである。

彼女たちは20代半ばから30代後半くらいまでの若年未婚女性のうちのおよそ25％を占めている。このように言うと「25％という数字は、いったいどのように割り出したのか」という疑問が出るだろう。

あらかじめ断っておくが、これはあくまで印象値である。ただ、この数字の根拠のひとつには、私が30歳前後の女性たちと話すことから得られる感触がある。話題が進むと必ずといってよいほど「結婚」の話になる。そのうち誰かが「大学時代の仲良しグループで、結婚していないのは私と○○ちゃん、それから△△ちゃんの3人だけだわ」と数え始める。別の誰かも数える。するとその数字がたいてい6人のうち2人、7人のうち2人、あるいは14人のうち4人というように3割近くが未婚なのだ。その3割の彼女たちの様子を聞くと、先ほどの共通項にほぼあてはまるのである。さらに言うと、この共通項とは別に、彼女たちの多くがいわゆる「当たり前の人生コース」から降りつつある、あるいは降りようとしている。言い換えるなら、男社会が「標準」と決めた女性のコースから降りつつある、そう感じられるのだ。

男社会の「標準」から降りる

男社会の「標準」から降りるとはどのようなことだろうか。

日本は女性への抑圧が欧米よりはるかに強い国だといわれる。それにはいくつかの根拠がある。一つは女性の労働力率がいまだにM字カーブを描いている点だ。米国、ドイツ、スウェーデンなどでは出産、子育てを機に仕事を辞める傾向は見られないのに、日本は依然として就業を中断する女性が多い。また「ジェンダー・ギャップ指数」(男女格差指数：世界経済フォーラムが２００６年から公表している、世界各国の男女間の不均等を示す指数)は１３６か国中、下から数えたほうが早い１０５位だ。つまりＧＤＰは米国、中国に次いで世界第３位という経済的優位国なのに、女性の位置は低位国にあま

図表1　男女年齢階級別労働力比較

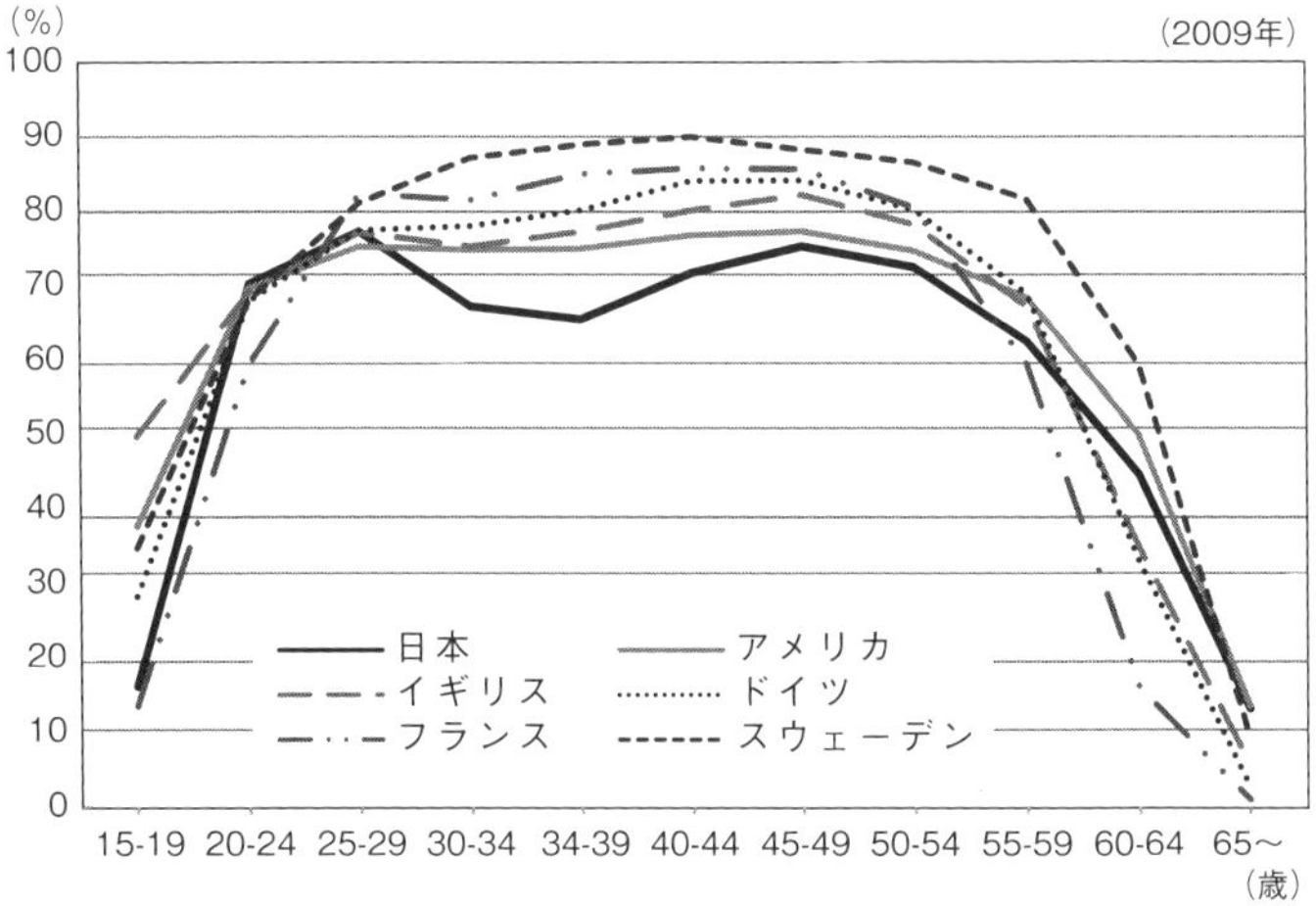

んじている。さらに「自分は人生を自由に動かせると思う」と答えた女性が36・8％に過ぎないことも、日本における女性の状況を表している。（図表1，2，3）。

この抑圧を跳ね返すため、フェミニズムは奮闘してきた。フェミニズムは女性の人権思想、自立を目指す思想として欧米からやってきた。しかし、その教えの通りには生きられない女性のほうがはるかに多かった。80年代になるとフェミニズムは男社会の巻き返しにあった。例えば「ミスコン」はひところバッシングされていたが、やがてすっかり復活していった。つまり男社会は女を「美しい」と持ち上げ、サービスしたりするようになった。これは実際には、単に男が優位に立っていることから来るゆとりに過ぎず、そうやって男社会に女性を取り込んでいるのである。今でも言われる「女性の社会進出」とか「女性の活用」などは、資本主義の経済システムに女性を取り込むキャッチコピーに過ぎない。

２０００年代になるとフェミニズムは男社会のカ

図表2　ジェンダーギャップ指数ランキング（2013年）

順位	国名	総合スコア	経済活動の参加と機会のスコア	教育のスコア	健康と生存のスコア	政治への関与のスコア	2012年の順位
1	アイスランド	0.8731	0.7684	1.0000	0.9696	0.7544	1
2	フィンランド	0.8421	0.7727	1.0000	0.9796	0.6162	2
3	ノルウェー	0.8417	0.8357	1.0000	0.9697	0.5616	3
4	スウェーデン	0.8129	0.7829	0.9977	0.9735	0.4976	4
5	フィリピン	0.7832	0.7773	1.0000	0.9796	0.3760	8
6	アイルランド	0.7823	0.7450	0.9988	0.9737	0.4115	5
7	ニュージーランド	0.7799	0.7797	1.0000	0.9697	0.3703	6
8	デンマーク	0.7779	0.7639	1.0000	0.9739	0.3738	7
9	スイス	0.7736	0.7681	0.9919	0.9733	0.3610	10
10	ニカラグア	0.7715	0.6218	0.9996	0.9758	0.4889	9
11	ベルギー	0.7684	0.7367	0.9918	0.9787	0.3664	12
12	ラトビア	0.7610	0.7767	1.0000	0.9796	0.2875	15
13	オランダ	0.7608	0.7592	0.9954	0.9697	0.3191	11
14	ドイツ	0.7583	0.7120	0.9818	0.9780	0.3611	13
15	キューバ	0.7540	0.6736	0.9995	0.9743	0.3685	19
16	レソト	0.7530	0.7756	1.0000	0.9796	0.2570	14
17	南アフリカ共和国	0.7510	0.6505	0.9941	0.9677	0.3919	16
18	イギリス	0.7440	0.7320	0.9994	0.9698	0.2747	18
19	オーストリア	0.7437	0.6642	1.0000	0.9787	0.3318	20
20	カナダ	0.7425	0.7959	1.0000	0.9780	0.1959	21
⋮							
105	日本	0.6498	0.5841	0.9757	0.9791	0.0603	101

図表３「自分の人生を自由に動かせると思う」女性の割合

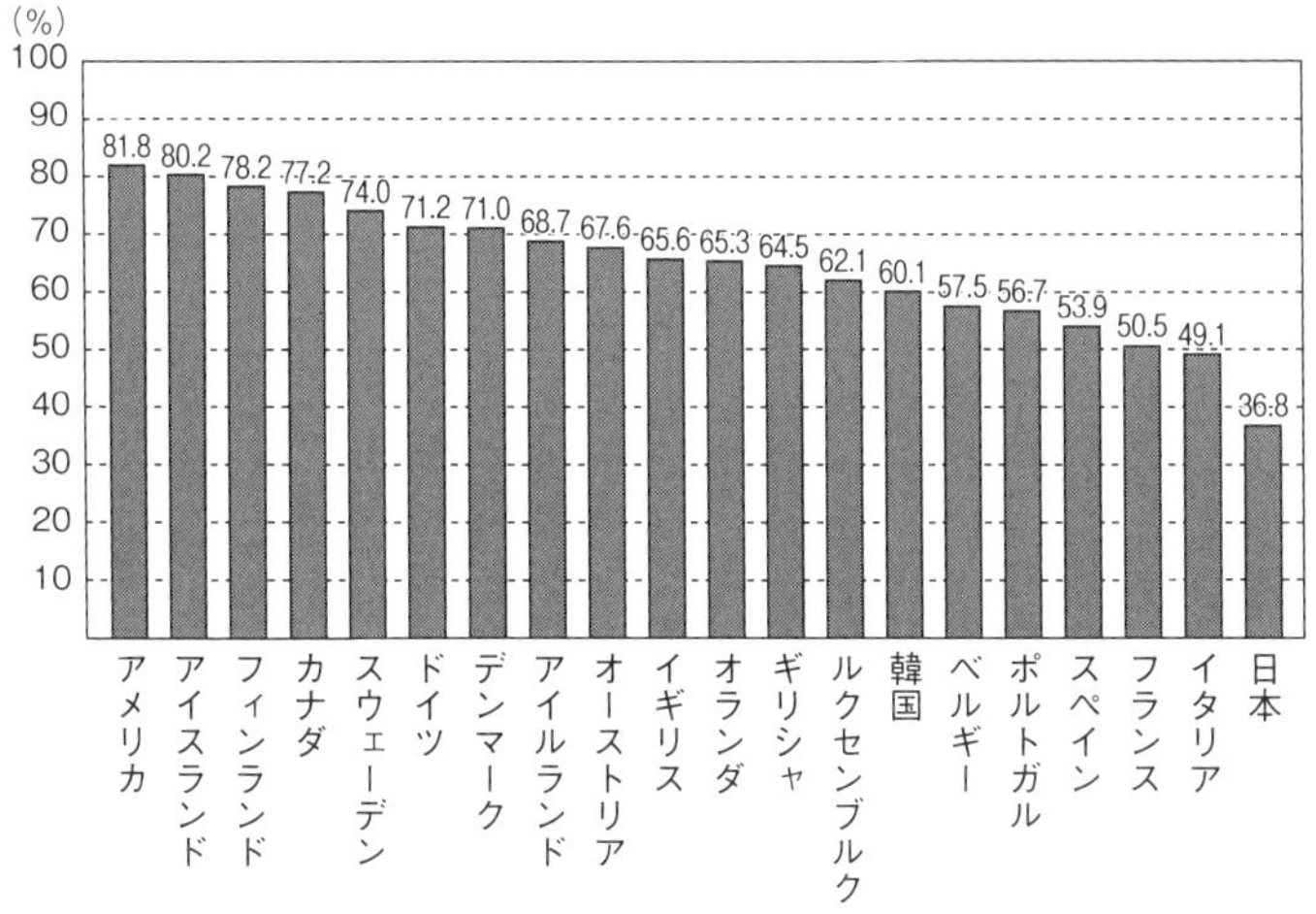

資料：内閣府男女共同参画局「少子化と男女共同参画に関する社会環境の国際比較報告書」

べを打ち壊すことができず、目指す方向が見えなくなっていった。そこでフェミニズムが見出したものが女性をセクハラから保護、擁護することだった。セクハラから女性を守ること、そういいつつそれはフェミニストも含めた女の怨念を晴らす手段になったりもした。つまり加害者とされる男性だけにその矛先を向けるというように矮小化され、ことの本質に迫れなかったのである。その結果、女性は自分は弱い存在なのだと思うようになり、「マイノリティ憑依（自分は弱く、差別された存在なのだとして、弱者に立てこもること）」の女を造り出した。「マイノリティ憑依」はつまるところ社会適応の一つではある。

　フェミニズムは女性の権利という近代思想に基づいて物事を合理的に判断する。しかし、現実の女性たちの状況は不合理と矛盾に満ち溢れているため、この思想だけでは女性が抱えるココロのヒダというところまでそのセンサーが伸びない、そういう問題もあった。

ともかく「女性の時代」などと持ち上げられつつも、女性は男社会の規範と標準に適応しないと生きていけなくなった。

男社会の規範とはどのようなものがあるかといえば、標準の体重、標準の容姿、標準の成績、そして標準の生き方というものに合わせることだ。男社会の標準に合わせることが「健全な女性」であるとして「標準」を押し付けるようになった。この中でも「標準の体重」は女性にとってシビアである。それは「細い身体」になることを意味し、この身体こそが女性の持ちえる大切な財産とされるからだ。せっかくの学歴やキャリアを財産として使おうとしても困難にぶつかるばかりだ。それを使ってまじめに世の中に打って出ても現実に押しつぶされそうになって、「女は若さと身体」を思い知らされるのである。いまだに若年女性なら稼げるところとして「フーゾク」がある。未婚で手に職を持たない母親が手っ取り早く稼げるのが性産業である、というように彼女たちは社会の底辺に置かれている。

ここに若年女性の立場の弱さが先鋭化している。

彼女たちは経済が成長しても、科学が発達しても、高い学歴を得ても〈幸せ〉になれないし、喜びを見いだせないことがだんだんわかってきた。努力しても報われない現実を知って、何のいわれもない劣等感、何事も予定通りにならない不安感を持つようになった。つまりは近代が持つものだけに頼っていてもどうにもならないことを、気持ちのどこかで悟っていくのである。リベラルで進歩的といわれるフェミニズムによっても、民主主義によっても、科学技術や経済の発展によっても若年女性の弱い立場は解消されない。「科学のなれの果てが原子力ではないか。ダメなものをいくら積み重ねていってもダメなんだ」というような感覚なのである。

普通、このような精神状態に陥れば（陥らなくても）女性は結婚に逃げ込み、ラクになりたいと思うものである。結婚に逃げ込むのもまた社会適応の一形態だ。だけど、何割かの女性はこの「適応」というものを潔しとしない（できなくなっているという一面もある）。根源的なところで軍門に下るのを拒むようになった。「それをしたら自分というものがなくなってしまうではないか」と考えるからだ。そうこうしているうちに彼女たちはイデオロギーとか主義信条などという錦の御旗に頼ったわけではないが、ある時気がついたら男社会の規範と標準から降りるようになっていた。

もともと〈自由〉というものを持っていた

男社会の規範と標準から降りたのは、

高学歴
ノンキャリア
未婚

を生きる、同世代のおよそ25％に相当する女性である。彼女たちはおよそ２０００年代に10代の終わりから20歳を迎えた。短大を含めた大学進学率は２０１４年に30歳になる女性（２００２年に大学に進学）だと48％が該当する。未婚率は２０１０年に20代後半だと60・３％、30代前半では34・５％である（この数字は長期的に上昇している）。そして、この年代の働く女性のおよそ８割は年収３００万円以下である（図表4，5，6）。「25％」はこれらの数字から類推したものである。

「大卒男子」であれば高度経済成長時代、今の「就活」に比べたらあまり苦労せずに定年まで勤められる雇用と収入を手にすることができた。そういう恵まれた人種がいた。それとはだいぶ趣は違うが、彼女たちもまたなかなか恵まれたポジションにいると思われる。「大卒男子」と大きく違うのは、彼女たちが人生で問題にするのが雇用や収入ではない点だ。「大卒男子」はいったん企業に採用されたら、企業の掟に従って会社の利益こそを至上として働けばいい。これとは違って、彼女たちの場合それに相当する「掟」がない。常に「自分はどうしたらいいんだろう」「次の一手はどのように打ったらいいのだろうか」と自問自答しながらライフコースをたどっている。思考停止にならないように、お任せライフコースに乗らないように絶えず考えながら歩かなければいけない。

そのような彼女たちがどうして恵まれたポジションにいると言えるのだろうか。

彼女たちの祖母や母は、欺瞞に満ちた家族や社会の圧倒的な力によって、差別と不自由の中で苦労をかこってきた。それだから彼女たちもまたそういう醜悪で不合理な家族や社会のなかで傷ついた心を抱えてはいる。が、幸いなことに思春期を迎えたあたりから「あなたの好きなようにしていいのよ」と言われて育ったため、もともと〈自由〉というものを持っていた。だから、自己犠牲を強いられるような生き方をする必要はなく、「自分の生き方」「自分が生きられる土壌探し」をすることができた。そのため、気ままでワガママ、本音がつい口から滑り出てしまうこともあるのだが、その分世の中の力関係やしがらみに左右されることがない存在になった。

だが、「あなたの好きなようにしていいのよ」とは、つまりは正社員にだってならなくてよいことであり、社会のしきたりや枠にとどまらなくてよい〈自由〉があることになる。それは、家庭はこうあらねばならない、女はこうあらねばならないという通念からも〈自由〉になることにつながっていく。結果、正しいと信じたことのためなら世間の評価を無視しても実行に移す人もいる。単純で行動的、そしてまじめだが幼稚な人もいる。そしてまた〈自由〉であるがために、社会からも家庭からも大きな期待をされていないという〈自由〉も持っていて、それを強みにしている人もいる。それよりなにより彼女たちが従来のライフコースを生きる女性と異なる点は、自分の人生を生きやすさと自分の〈幸せ〉というまなざしで見つめ、それを実行に移すゆとりを持っている点である。

祖母と母の世代は、苦労と忍従の末にようやくほっとつけるようなささやかな〈幸せ〉が見つけら

図表４　男女別大学等進学率の推移

（単位：%）

区　分	大学（学部）・短期大学（本科）への進学率（過年度高卒者等を含む）		
	計	男	女
1960	10.3	14.9	5.5
1970	23.6	29.2	17.7
1980	37.4	41.3	33.3
1990	36.3	35.2	37.4
2000	49.1	49.4	48.7
2001	48.6	48.7	48.5
2002	48.6	48.8	48.5
2003	49.0	49.6	48.3
2004	49.9	51.1	48.7
2005	51.5	53.1	49.8
2006	52.3	53.7	51.0
2007	53.7	54.9	52.5
2008	55.3	56.5	54.1
2009	56.2	57.2	55.3
2010	56.8	57.7	56.0
2011	56.7	57.2	56.1
2012	56.2	56.8	55.6
2013	55.1	55.1	55.2

※資料：文部科学省「学校基本調査」
「大学進学者」は、大学の学部短期大学の本科、大学・短期大学の通信教育部・別科、高等学校の専攻科に進学した者で、就職進学した者を含む。

大学等進学率（%）：高校卒業者のうち、大学等に進学した者の占める割合。

大学（学部）、短期大学（本科）進学率（%）：高校卒業者のうち、大学（学部）・短期大学（本科）に進学した者の占める割合。

図表5 年齢別未婚率の推移

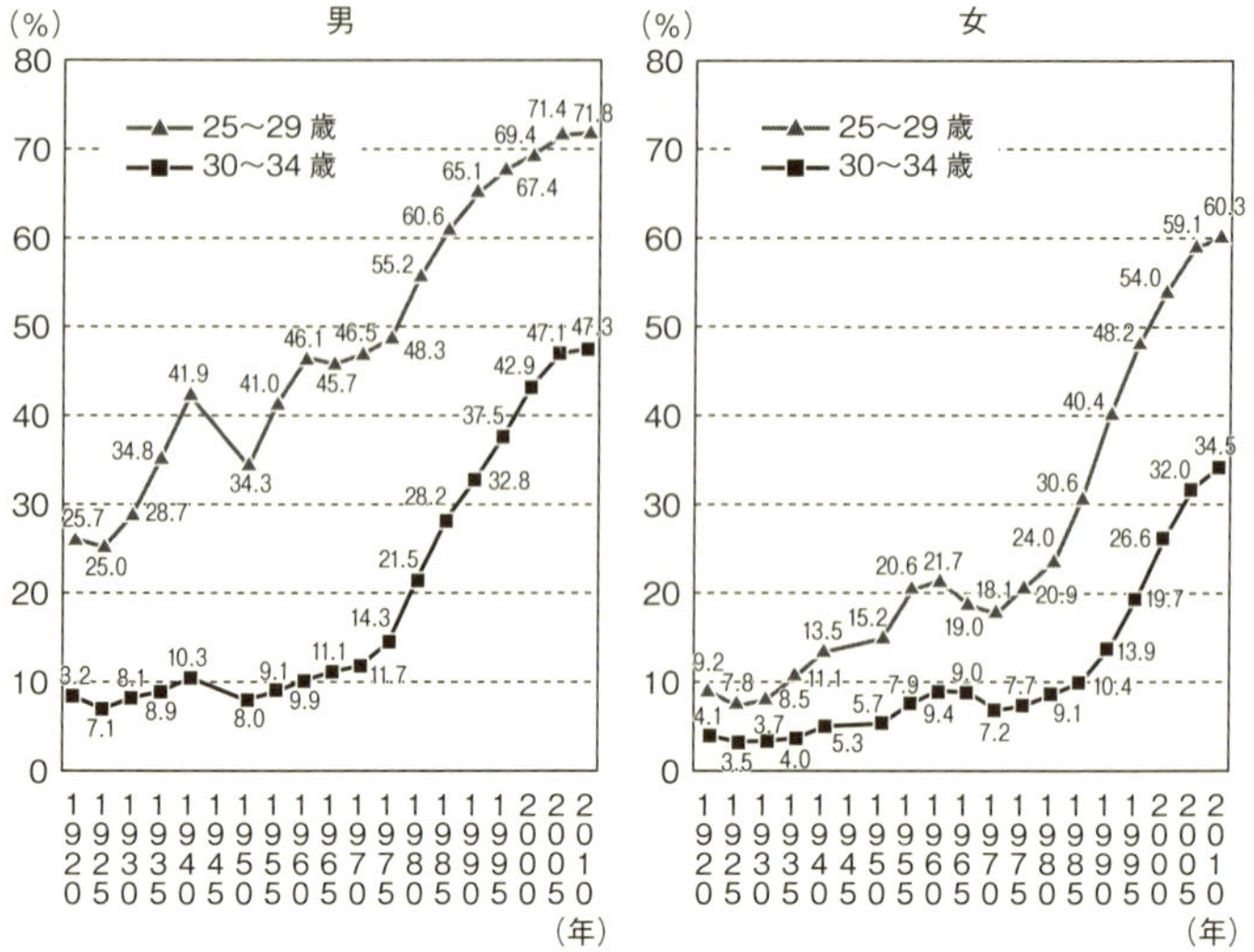

※資料：総務省［国勢調査］2010年（1960〜1970年は沖縄県を含まない）

れた。あるいは見つけられなくても苦労がなければ幸せもない、苦労の末にこそ幸せがあると信じた世代だった。だから、この世代の女性は多くのフェミニストがそうであるように、心に怨念を抱えて生きてきた。その怨念は時として心からさまよい出て、鬼になってしまうような恐ろしいものもあった。だが、もともとある種の〈自由〉を持っていた新しいカテゴリーの彼女たちは、社会も家庭も怨念を向ける対象にはならず、そんな鬼を飼うような心が育つことはなかった。これらが、彼女たちが恵まれたポジションにいるという根拠である。

このような経緯から、彼女たちは「当たり前のレール」から外れていった。この新たなカテゴリーの女性たちを観察するうちに、彼女たちは意外にも幸福度が高く、もっと言えば日本社会の〈光〉な

図表6　年齢階級間賃金格差

年齢階級	男女計		男性		女性	
	正社員・正職員賃金（千円）	正社員・正職員以外賃金（千円）	正社員・正職員賃金（千円）	正社員・正職員以外賃金（千円）	正社員・正職員賃金（千円）	正社員・正職員以外賃金（千円）
年齢計	317.0	196.4	343.8	218.4	252.2	174.8
20～24歳	200.4	171.7	204.1	178.2	196.0	165.9
25～29	235.9	188.2	242.4	197.8	225.5	179.3
30～34	272.7	200.6	285.0	216.7	245.0	185.9
35～39	310.7	200.3	327.4	220.5	216.9	184.4
40～44	349.1	196.6	373.7	221.0	278.3	180.2
45～49	385.9	193.4	420.6	225.7	285.7	175.7
50～54	398.9	191.2	438.4	229.1	284.7	169.7
55～59	384.4	194.0	418.3	225.2	272.4	167.4
60～64	297.4	215.5	311.2	235.5	255.2	165.0
65～69	281.6	198.0	295.5	214.7	245.0	154.6

※資料：厚生労働省「賃金構造基本統計調査」2012年

のではないかと思うようになった。30歳をとうに過ぎても結婚せず、子どもも生まない女性がいったいなぜ幸せなのだろうか。どうして日本社会の〈光〉なのだろうかといぶかしく思う方は多いだろう。

本書はこの「25パーセントの女たち」の幸福度が高いのはなぜか、日本社会の〈光〉と言えるのはなぜか、その謎を解き明かすことを目的にしている。と同時に彼女たちはどのようなことを考え望んでいるのかを見ていきたい。それらを通してこれまでの女性の生き方、家族の在り方に一石を投じたいと思う。

若年女性問題は大きなくくりでいえば若者問題である。若者の問題でいま最も取りあげたいのは〝貧困〟と非正規労働についてである。そのため本題に入る前に、このことについてみておきたい。

目次

第1章

なぜ若者は貧困になっているのか

1、非正規労働が増えている

非正規労働じゃダメですか

非正規労働者（パート、アルバイト、派遣、契約社員、嘱託など）が増加し、問題になっている。2012年の総務省「就業構造基本調査」によると雇用者に占める非正規労働者の割合は38・2％だ。正社員を中心とした日本の雇用形態が大きく変化している。15〜24歳という年齢層に絞ると男女とも5割近くが非正規労働者で、若者の2人に1人の割になる。非正規労働の一体何が問題なのかといえば、仕事内容は正社員と同じなのに低賃金の場合が多く、クビにされやすいうえ過酷な業務を割り振られることが多い、つまり労働を搾取されているからだ。この不利な雇用形態が若年層に押し付けられる傾向にあって、それが若者の貧困を招いている、だから非正規労働をなんとかしなくてはいけないといわれている。

しかし、こんなことを言ったら非難されるだろうが、ほんとうに非正規労働は何とかしなければいけない働き方なのだろうか。そうだとして何とかできるのだろうか。

すぐに非正規労働を何とかするには相当ハードルが高いと言わざるを得ない。というのも、若者にそれが押し付けられるには、それなりの社会構造がゆるぎなくあるからだ。その一つが〝シルバー民主主義〟というもので、それがいま暴走している。

つまり、２０１０年だと有権者人口に占める20～30歳代の割合は31％で、65歳以上の28％とほぼ同じレベルだ。が、20年後にはそれぞれ23％と37％と高齢者のほうが多くなる。すると、医療、社会保障そして雇用などに関する政策がますます高齢者偏重になり、若者世代は置いてきぼりにされる。２０１２年８月には「改正高齢者雇用安定法」が成立した。これで、定年退職した後も就業を希望すれば全員を65歳まで雇用することが義務付けられる。経団連の調査によると、義務化されたら「雇用を若年者の採用を縮減することで対応する」と回答した会員企業が４割に上ったという。

数では負けるし、選挙への関心の低さからも若者層は勝ち目が薄く、どんどん歩の悪い雇用条件があてがわれる。だから仕方がないというのではない。実際、彼らの労働環境はとても苛酷だ。

例えば、郵政グループ各社では、非正規労働者が半数以上の21万人を超える。彼らの平均賃金は正社員の３分の１であり、その64％が年収２００万円以下だという（「郵政労働運動の発展をめざす全国共同会議」より）。その中の一人である山本啓二さん（仮称　41歳）に話を聞いた。

山本さんは郵便仕分け業務の職歴20年だが、一貫して深夜勤（22時から翌朝６時まで）で働いてきた。雇用形態は６か月の期間契約のフルタイムアルバイトだ。それにしても20年間フルタイムで働いてきた人を非正規労働者というのは形容矛盾だ。少なくとも常用雇用者と呼ぶべきではないか。ともあれ、彼はこれまで都合40回の雇用契約更新を繰り返してきたことになる。同じ部署には50人近くが勤務するが、うち非正規労働者が35人を占める。その割合は民営化後ますます増え、アルバイトが正社員に近い仕事をするようになり、業務のハードルが上がっているという。

それにしても山本さんはどうして一貫して深夜勤で通しているのだろうか。

「昼夜逆転の生活を始めて5年くらいは体調がおかしく、失語症のようにうまくしゃべれなかった」という山本さんは、本当に痩せている。痩せていることでこの生活この業務に適応している、つまり省エネ体質人間になっているようにも思われた。深夜勤を選んだのはほかでもない。その分賃金が高くなるからである。彼の部署では時給は760円の「Cランク習熟なし」(スキルがない)からスタートする。一番上が「Aランク習熟あり」で時給は910円でこれより上はない。山本さんはここに該当する。「Aランク習熟あり」とは「上司から指示されて動くのではなく、その日その日の仕事内容を見て、自分で判断して仕事ができる」という意味だ。しかし、同じ部署でも深夜勤だと賃金は5割増しの1365円になる。勤務時間は8時間だが、うち1時間は休憩時間だ。賃金は単純計算で1日9000円余り、1か月22日として21万円余り、年収は250万円余りとなる。これが、彼が労働の対価として受け取る賃金である。

「地方都市で一人暮らしだからやっていける」と山本さんはいうが、過酷な労働環境だ。彼らが1時間に3万通から5万通を区分する区分機を夜通し駆使して仕分けした郵便物は、翌朝配達人の手に渡り我々の手元に届けられる。山本さんたちの労働が日本の郵政事業を支えている。郵政事業に限らず、アルバイトやパートといった非正規労働者という土台があって、彼らの賃金を抑え、雇用の調整弁にすることによってこの国はここまでやってきた。例えばもし、山本さんの賃金を上げようとか、労働環境を変えるとすれば、もしかしたら封書は82円ではきちんと届かないかもしれない。そういう構造の上にこの国の産業は構築されてきた。

賃上げや労働環境改善を実現するには、労働運動が欠かせない。実際、山本さんの職場でも不満を持つ人は少なくないという。しかし、それらの声は連帯し、職場や社会を変え、働きやすい環境にしていこうという方向にはならないという。連帯して要求を訴えれば、必ず会社と対立軸を作り出して争うことになる。そうすれば使用者は伝家の宝刀を抜くだろう。非正規労働であってもみんな長く働きたい、クビになって職を失いたくない。最近の若者の中には不満を言うのはぜいたくと考える人も少なくない。労働組合法を知らない人も多い。だから、そういう行動は誰も起こさない。会社側はそういった問題意識の薄さや社会のことをあまり教わらずに過保護に育った若者の実情を利用している側面がうかがえる。

非正規労働だから非婚、少子化になる？

非正規労働が否定的にいわれる大きな要因として賃金の低さがある。だから若者は結婚できず、この国の少子化が進むのだという。もしこの因果関係が成立するとしたら、少子化を招いているのは非正規労働者が貧しいから、つまり結婚力は経済力ということになる。しかし、現実とはこのようにわかりやすく単純明快なものではない。

「男が妻子を養う」という社会通念を結婚のカタチだとすれば、男性にとって結婚力とは経済力だ。だとすれば、非正規労働者を正社員にし、年収をアップすることで既婚率は上がり、少子化が解消されるということになる。今になって「日本を取り戻す」、つまり「経済成長よ再び！」というキャッチコピーが人口に膾炙している。子どもが2人いる標準家族を取り戻そう、それが若者の幸せにつながるというのだ。しかし、これはあくまでも国家の利益に基づく解決法である。国家の利益とは感情を持っているわけではない。子どもを2人生むことになる当の若年女性は当たり前の感情を持つ人間だ。が、彼女たちは果たして「自分が2人子どもを生めば（2人以上生まないと少子化は食い止められない）この国の少子化はなんとかなる、だから経済力のある人と結婚し頑張って子どもを生みたいわ」などと考えるだろうか。少なくとも子どもを生むのは国家のためではなく、自分のためと考えるだろう。実際その実践者は減っている。現実はそんなに都合よく動いているわけではない。

未婚率は実際上昇している。２０１０年の総務省「国勢調査」によると、未婚率は30〜34歳男性は47・3％、25〜29歳女性だと60・3％である（図表5、16ページ参照）。生涯未婚率は男性20・14％、女性10・61％だが、現在20代の人だとこの数値は30％近くまで上がる、つまり10人のうち３人までが未婚のまま人生を終わると推計されている（図表7参照）。

また次のような統計もある。18〜35歳の未婚者で「交際している異性はいない」という男性は61・4％、女性は49・5％にも上る。彼らのうちで「特に異性との交際を望んでいない」人は男女ともおよそ45％である。また、「一生結婚するつもりはない」人は男性９・４％、女性６・８％だ。つまり男女とも独身志向を示す未婚者が増えているのである（２０１２年「出生動向基本調査」国立社会保障・人口問題研究所）。さらに次のような調査結果もある。男性の場合、年収と結婚が関係するというものだ。男性で年収が３００万円未満だと既婚率は９％だが、３００〜４００万円だと26％で、30代男性は年収が多いほど既婚率は高くなるというものだ（２０１１年、内閣府調査）。現に、年収が３００万円に満たない山本さんも「結婚は考えていない」と言っていた。

これらの調査結果をどのように考えたらよいのだろうか。未婚で交際相手がいなくてしかも交際すら望まない人というのは、年収３００万円以下の非正規労働者で、そういう人は結婚して妻子を養う

図7　生涯未婚率の年次推移

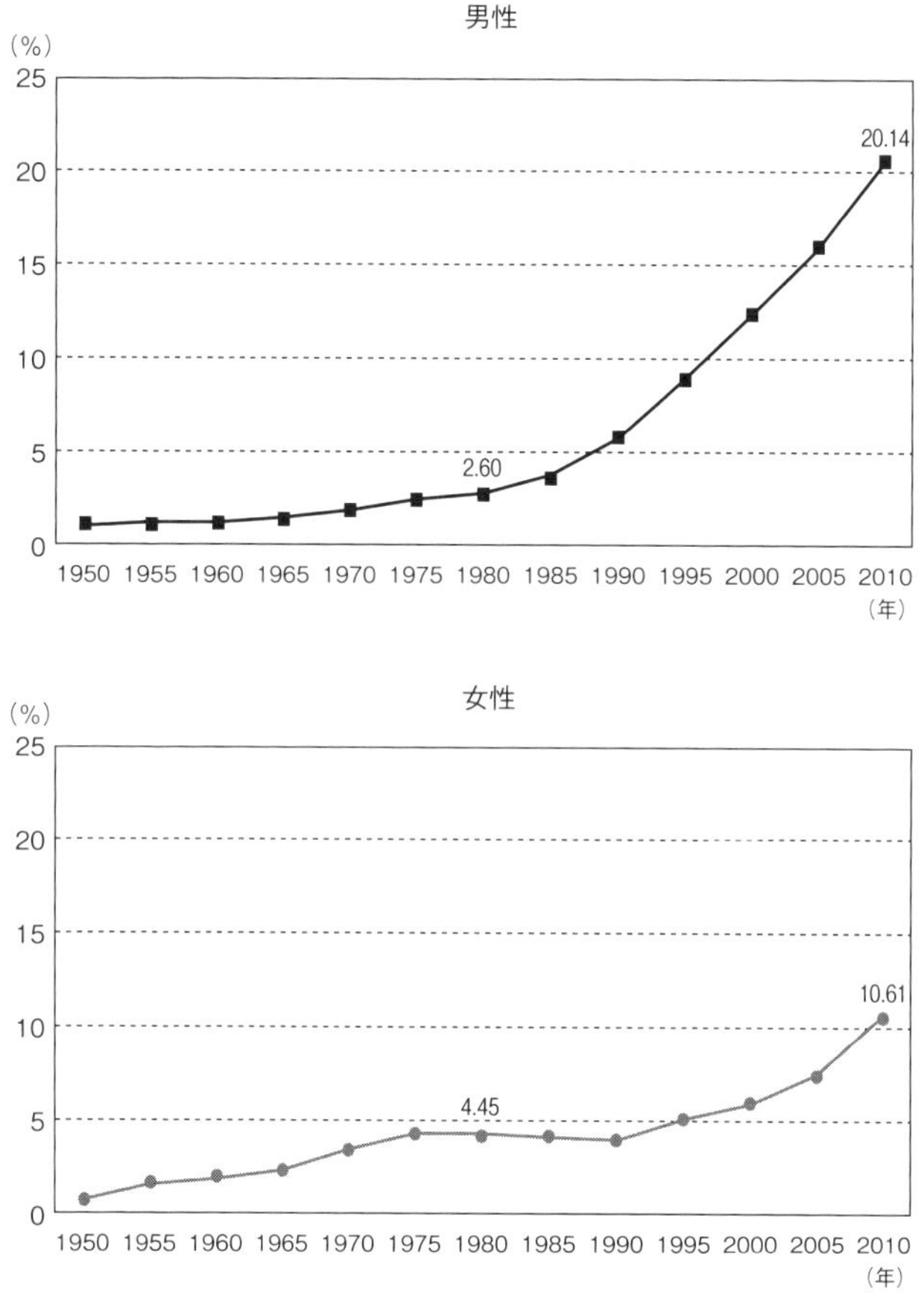

※資料：国立社会保障・人口問題研究所「人口統計資料集 2012年度版」
生涯未婚率は、45～49歳と50～54歳未婚率の平均値であり、50歳時の未婚率。

ことができない、だから結婚したいという願望を抱くことさえ自己規制しているということなのだろうか。

若者の平均月収をみてみよう。20代男性は20〜23・8万円、30代だと27・7〜31・9万円、同じく女性はそれぞれ19〜21・5万円、23・3〜24・7万円であって、半数以上が20万円以上の賃金を得ているのである（厚生労働省　平成24年「賃金構造基本統計調査」）。もちろん彼らの半数近くは非正規労働者かもしれない。しかし、非正規か正規かにかかわらず男女の賃金を足せばカップルの多くが月40万円近いお金を手にすることができる。二人で一緒に暮らすなら子どもを生んでも暮らせる金額だ。一人で暮らすよりもずっと生活費は割安になるし、なにより楽しいのではないか。

雇用形態にこだわらず結婚しても（結婚でなく同棲であっても）二人で働くことを前提にするなら、決して若者は結婚できないほど賃金が低い、つまり貧困というほどではない。にもかかわらず、なぜそのような方向に向かわないのだろうか。誰かと交際し生活を共にしたい、そういう「欲望」を邪魔する何かがあるのだろうか、あるとしたらいったい何なのだろうか。

2、「自立」の意味が変わっている

「仕事がなくても何とかなる」

非正規労働でもいいからここで長く働き続けたいと思う人は決して少なくないし、若者は結婚できないほど低賃金ではない。それでも若者が貧困になったといわれる今、問題の核心はいったいどこにあるのだろうか。

ところで私ごとで恐縮だが、私は思うところあって長らく勤めた教員を途中で廃業した。その後フリーランスと言えば聞こえはよいが、一貫して無業を通してきた。そんな人間を暇な人と見たのか、かつての教員仲間などが色々な活動に誘ってくれる。後に述べるひきこもり支援活動もそうだが、そのほかに「一人でも入れる地域ユニオン」の活動にも誘われた。どれも閉ざされた教員の世界とはまるきり違って面白く、すっかり引きずり込まれていった。

ユニオンではいくつもの労働相談を受けている。また、友人で日本在住の外国人支援をしている人がいる（支援団体は、カトリック教会も関係している）。ここ数年労働相談は外国人（ペルー、アルゼンチン、ブラジル、フィリピン人など）が多くなった。相談内容は労働災害、賃金未払やパワハラなどだ。彼ら外国人の例を出すと「それはラテン系の人たちで、根が楽天的だからでしょ」といわれるかもしれない。はじめは私も日本人と彼ら外国人は別と考え、そのような目で見ていた。ところが、繰り返し相談を受けるうちに必ずしもそうではないことがわかってきた。彼ら外国人労働者のほとんどは非正規労働で、彼らの労働が日本の様々な産業を支えているという点では、日本人の非正規労働者と何ら変わりがないのである。肝心なのは彼らの労働に対する態度や考え方が日本人と違う点だ。

ブラジルからやってきて日本滞在6年になるという25歳の青年は、いくつもの職場を転々としてきたが、その時は派遣会社が紹介する自動車部品工場で働いていた。彼は「職を転々とするのはよくない」などという規範がまるでない。ペルー人の女性と同棲しているのだが（あくまでも同棲で、結婚ではないという）、彼女が妊娠していて体調が悪いというので、会社を休んで病院に連れて行ったところ、会社は欠勤扱いにした。この工場では誰でも理解できるサッカーのルールを参照して、ペナルティーカードというのを使っているという（サッカーに例えるのは中南米の人が多いからかもしれない）。突然休んだこの青年はペナルティーカードをもらうことになり、これが3枚たまったことを理由に退職においわされた。それでいくらかでも和解金をもらって退職したいというのだ。「そんなにあっさり辞めてもいいものかね」という相談者の質問に、「群馬県に兄が働いていて、そこに行けば仕事は何とかなります。お金をもらえば彼女の出産費用も出るし」という、あっさりした回答だった。会社と交渉の末、彼は40万円近い和解金を手にすることができ、すぐに辞めていった。

この後、フィリピンから来てまだ1年半の若い夫婦の相談に乗った。25歳同士だというが、それよりもずっと幼く見えた。2歳になる女の子を連れた妻もかわいらしい。かわらしいのだが、夫に依存しているような甘えは全く感じられず（もっとも夫も妻に負けないくらい幼く見えた）、かといって悲壮感とか貧しさいうものも感じられない。むしろ二人の間にはのんびりとしたアットホームな雰囲気、固い言葉を使うなら民主的なにおいが漂っていた。相談事はブラジル人のケースと似ていて、妻が働く工場での賃金未払だった。アルファベットで日本語を書きながらの説明によると、未払い賃金をもらえたら、会社を辞めて引っ越したいという。会社との交渉の結果、ほぼ彼らの要求が通る形になった。

いずれの場合もこんなにも簡単に辞めてしまってもいいものか、と思うほど職場に対する愛着とか執着がないのだ。同じく25歳同士の日本人夫婦で間もなく3歳になる女の子を連れた人の相談を受けたことがある。夫が解雇されそうだという案件だった。同じ年齢、同じ相談事なのにファミリーの間には解雇されたらどうしよう、というような重苦しい空気が漂っていて、子どもはにこりともしなかったのを思い出す。中南米やフィリピン人には、その場しのぎのお金を手にすればそれでいい、仕事なんか探せばいくらでもあるさ、という安易さを感じなくもない。しかしそれは、単に軽いとか、刹那的とか何にも先のことなんか考えていないというのとはちょっと違うように思う。先のことを考える必要がないのかもしれない。むしろ、大きく違うのは彼らが目を向けている先である。視線の先にあるのは、職場や仕事探し、これからの暮らし、といったものではなく、目の前の彼や彼女、妻や夫、子どもである。一緒に暮らす家族や友人に関心と目を向けている、だから接していても雰囲気が明るく感じるのだ。

外国人支援団体の方にこれらの感想を漏らすと、こんな答が返ってきた。

「彼らは仕事がなくて、たとえポケットに５００円しかなくても日本人みたいに悲観的になって、明日からどうしようとくよくよすることはありませんね。多分、彼らの多くは同じ国同士とか家族のネットワークのようなものがあって、そこに行けば何とか住むところと食べるものはある、そういう居場所を持っているからです。お金がなくても1週間くらいそこにいて、その間に何か仕事を見つけるのです」

能天気とも見える背景には、どうやらお金やモノはないけど、人間関係とかネットワークとか居場所とかが〈豊か〉にある、そういう安心感があるのではないかということだ。その人間関係やネットワークもNPOなどによって意図的、自己防衛的に作られたものではなく、母国で当たり前にあるものを日本に来ても利用している、そういう感じだった。日本では絶望的なまでに壊れてしまった家族、血縁関係、共同体、何らかの居場所がちゃんとある、だから一文無しになったらどうしようという悲壮感は薄いのだろう。

「自立」するのは親孝行だから

先に述べたように、私は、ある元ひきこもり〈少年〉たちの支援団体にかかわったことがある（10代初めからひきこもっていた彼らは、高校卒業の資格を持たない者もいる。私は高卒資格取得のための講座を担当していた）。彼らは「これから先、自分たちはどのようになるんだろう、果たして仕事に就けるだろうか」という不安を抱えている。いろんな場面で将来不安や雇用不安に関する話しを聞いた。ある若者は仕事をするなら正規雇用がいいと言う。なぜ正規雇用なのかその理由は次のようだ。

「これからこの国がどんどん衰退していくのは目に見えている。経済的にも軍事的にも政治的にも何にしても、国家としての存在感は薄れていくだろうと思う。国がダメになっていくときに一番必要なものはお金だ。一般的には、非正規雇用よりも正規雇用のほうが賃金が高いし、解雇される確率も低い。もちろんお金だけじゃどうにもならない局面は結構いっぱいあるけど……でも、やっぱりお金が大事」

この若者は日本という国に対するシビアな見方を示したうえで、国が衰退するのならその防衛策として正規就労でなければいけない、と考える。なぜなら先立つもの、つまりお金がよりたくさん手に入るからだ。フィリピンやブラジルの彼らだったら、果たしてこのように考えるだろうか。多分、国がダメになるなどと考えないだろうし、夢想したとしても必要なのはまずお金とは言わないのではないか。真っ先に家族とか恋人とか仲間、あるいは故郷に残してきた人間関係を挙げるのではないだろうか。

それにしても、日本の場合、なぜ就労とお金に行きつくのだろうか。

それは日本の場合学校で、たぶん家庭でも子どもに対して、おしなべて次のように言うからではないだろうか。

「あなたの個性と能力をもっと際立たせるように努力し、勉強しなさいね。よりよい職に就き、より多くの時間を賃金労働にあて、より早くより多くのモノとサービスを生産する。そうすれば日本の経済は発展しいい生活ができますからね。そのためにはより多くの知識と情報を得て、技術を身につける必要があります。自分の道を開き、『自立』すること、仕事を通して自己実現することが人生にとって一番大切なんですから。そのためには自分の権利を主張しなければいけませんよ」

「自己実現」や「権利の主張」を促し「自立」していくような教育を日本の若者は（もちろんかつての私も）受け続け、それを空気としてずっと吸い、水として飲み続けてきた。思うに「自立」「自己実現」「権利」を説き、這い上がって生存競争に勝つ、そういう教育をフィリピンやブラジルの若者が受ける度合いは、日本よりもずっと軽く薄く、「自立」を迫るような家庭や生活環境もあまりないのではないだろうか。

一方、「自立が大事」という空気を吸い続けてきた元ひきこもり〈少年〉、そしてほとんどの日本の若者は、国が衰退したとき守ってくれるものは家族でも恋人、友達でもなくお金と仕事、就労だと考える。親しい人間関係、共同体には頼れない。そのような人間関係や共同体はすでに壊れてしまっている。お金だけではどうにもならないことはあるにしても、まずはお金だと当たり前のように考える。それは、若者だけでなく多くの大人だって、ふと気が付けば私だってそう考えている。一方のブラジル人やフィリピン人には、おそらく信頼できる人間関係や共同体が残っていて、それを多くの人がお金や仕事よりも大事だと考えているのだと思う。そしてまた、元ひきこもりの〈少年〉は、無意識の深いところは前近代を引きずり「自立」に反発しているのだが、今の日本社会で生きてきた彼らは「自立」しなければいけないという教育を受け、お金を稼がなければ一人前ではないという規範からは免れられない。

ところが、ここへきて「自立」や「自己実現」が大事という考え方はどうも陰りを見せはじめているようなのだ。

元ひきこもり〈少年〉から学んだこと

私は元ひきこもり〈少年〉と接してつくづく思ったことがある。それはひきこもりになるのは（そういうものがあればの話だが）それを支える精神的エネルギーを彼らが持っているからではないかということだ。若者が1年とか2年、時には10年ものあいだ、誰とも口をきかずにたった一人で部屋にこもって過ごすのだ。これは相当なエネルギーがなければできない技だと思うからだ。ひきこもりの精神的エネルギーとは、近代思想、近代教育とは反対の方向、いってみればベクトルがマイナス方向に向いたエネルギーである。具体的には賃金労働をしない、しても積極的に仕事をしない、出世を望まない、食べられるだけ稼げばいいと思う。できればしゃれたカフェや公園に行ってお茶を飲みながら本でも読んで一日時間を過ごす、そういう生活で十分満足することだ。

こういった生活ぶりは後ろ向きでやる気がない、怠惰、内向的、自己否定的、自己卑下とされ、効率、競争社会からすれば適応力に欠けることになる。けれど、「諦めが肝心」というように諦めるとか降りるという行為を肯定的に捉える見方もある。ひきこもり、不登校になった人にはこのような〝マイナスイオン〟とも呼べるような心性がある。「自分はダメな奴だ」という気持ちは謙虚さにつながるものである。そして謙虚で自分を低くする人のほうがみんなと一緒に仲良くやっていきやすい。だから彼らの放つ〝マイナスイオン〟は世の中に必要なエネルギーだともいえる。が、そんなエネルギーは要らないと軽んじられ疎んじられ、世間からまた学校から疎外される。彼らがよく「消えてしまいたい」と口にしていたのはそのせいだ。

これに対して近代教育が教える、「自立」というのはつまりは〝independence〟、日本語にすれば「依存しない」になる。誰にも依存しないで「自立」に向けてプラス志向でやっていくことが求められる。だから、多くの若者はそれに向けて勉強し、仕事をするのである。そうすると、世の中はある種の、もちろん科学的に証明できるわけではないが、酸素不足のような息苦しい空気が充満する。酸素不足の空気に大きく偏るとそういう空気をいち早く察知する敏感な人、つまりはひきこもりや不登校に陥るような人は窒息しそうになるのである。だから彼らは、心の奥で「自立」に反抗している。そうはいっても、この国ではその空気を吸ってその世界に入り込んで、服従しなければ生きていけないことがわかっている。だから、頑張ってそうはしてみたものの、それに耐えきれなくなり、ひきこもってしまったわけである。

私はこれらのことを元ひきこもり〈少年〉たちから学んだ。

もちろん、彼らの親御さんたちは必ずしも彼らの〝マイナスイオン〟としての大切な役割を認識したり、肯定的に見たりしているわけではない。やっぱり息子や娘には「自立」し独り立ちし、人並みに自分で自分をなんとかできるようになってもらいたいと切に願っている。それは親としたら当然の思いである。

一方、元ひきこもりの若者の多くは、ひきこもりは決して親孝行などではない、だからいつかは親孝行したいという。彼らの思う親孝行とは、息子、娘がいてよかったと思うふるまいをすることだというのだ。だから親が望むように一人でも生きていける自信を持つようになり、「自立」したい。そういう孝行息子、孝行娘になりたいというのだ。要するに、彼らにとって「自立」とは、人生の目標ではなく、親孝行の手段になっているのである。

自己主張しない若者

マイナスのエネルギーを持っているということのほかにもう一つ、元ひきこもり〈少年〉と接して強い印象を受けたことがある。

当初、私は彼らとどのように接したらよいのかわからず、ただ漫然と時を過ごしたりもした。ところが、どのような過ごし方をしても一緒にいて不快だと感じることがないのである。なぜだろう、と不思議に思った。そういえば、高校教員をしていた時もこれと同じ経験があったのを思い出した。それは、まったく授業が成立しないいくつかのクラスを受け持ったときだ。授業を受ける気がない、勉強をしたくない生徒とは、高校3年生で就職も決まった後で、勉強するモチベーションがなくなっているクラスだ。授業などおかまいなしでひたすらおしゃべりに費やしているのに、なぜか不快感を覚えなかった。正直にいうと、一緒にいて楽しかった。

元ひきこもり〈少年〉と、授業を受けたがらない高校生との共通点はなんなのだろう。

授業など全く受けたくない生徒はやんちゃで自分勝手、どうしようもない生徒と思われるかもしれない。もちろんそういう生徒もいなくはない。が、不思議なことに彼ら彼女らは「私が」とか「オレが」という自己主張を全くしないのである。この点が元ひきこもり〈少年〉と同じだった。

今の社会で自己主張などしない、といったら生存競争に負け、生きていけなくなるといわれるだろう。ところが彼ら彼女らには、そんなことよりも授業を受けないその時間を友だちと、あるいはひきこもった経験のある仲間とまったりと過ごしたい。自分をその〈共同体〉のなかに埋没させ、溶け合いたい、融合させたいと思っている、そういうムードが漂っているのである。

それはまるで、自我というものなど知らない、自分の顔を鏡でまじまじと見たりしたこともない、自分の苗字などない、ある村の一人の少年、少女としてその村の流儀に従って第一次産業に携わっていれば何の心配もなく毎日を暮すことができた、そういう時代や社会のあれこれを無意識のうちに引きずっている、憧れてさえいるようなのだ。この部分はフィリピンやブラジルの若者たちと類似している。高校のクラスやひきこもり支援団体という小さな〈共同体〉だけど、これを大事にしたいと思い、ここの友だちとうまくつながっていたい、周囲の人と和合感を持ってやっていきたいと思う。そのほうが楽しく、幸せに生きられると考えているように見えた。

そういった〈共同体〉の一員としてうまくやるには、自分の利益を優先させるエゴイズムや自己主張、自己を前面に出すのはその妨げになる。むしろ「自立」しなくてもよい、「自立」したくない、もたれあい依存し（depend）あって暮らしたい、という気持ちでいるほうが安心でき、うまくやっていける。授業が成立しなかったクラスの生徒や元ひきこもり〈少年〉たちは、そういう気持ちを無意識のうちに持っていたから自己主張しなかったのではないか。

最近では、お金もそんなにいらない、車や新しい服もいらない、海外旅行に行きたいと思わない、大それた夢を抱くよりも、毎日の生活でほんのちょっとした楽しみがあればそれでいいという若者が増えているが、それはお金よりも生活、仲間、ゆったりできる空間を優先したいと思う層が少しずつ増えているからではないのだろうか。

「自立」が招く貧困

ある時、首都圏の私鉄駅前で友人と待ち合わせしていた。ふと見るとそこは不動産屋の前で、立看板にたくさんの物件案内があった。見るともなしに見ると、物件の9割近くが、7〜8畳の1K、つまり一人暮らし用の部屋だった。「自立」した自分だけのスペースだが、決して安くはない家賃で、小さなキッチンとユニットバスのほかはほとんど寝るためだけの居住空間だった。

一人で都市での生活を維持するにはとにかく働かなければならない。賃金労働を中心にした生活をうまく回していくためには、このような個々の最小単位に分かれた部屋で、人から離れ、時には人を突き放し、孤食にも慣れることが必要だ。さらにここでちゃんとやっていくには自己というものをしっかり持ち、誰にも依存しない、頼らないという気持ちが必要だ。そのうえで賃金労働という経済システムに乗ることが求められる。例え病気とか怪我、人とのトラブルなどがあったとしても、自分を最後まで守ってくれるのは自分しかいない、頼れるのは自分だけ、そういう覚悟も必要だ。もたれあったり依存したりしてはいけないという感覚は、こういった労働や生活環境を通して知らないうちに作られてしまうものだ。が、これに囚われると孤立し、孤独になり、この世の中で自分という人間は一人だけ剥き出しの状態で放り出されていると感じるし、実際そうなのである。

また、このシステムに組み込まれ、巻き込まれると、他を見渡したり、思いやったりすることが難しくなる。「人の役に立つことが大事」とよく言われる。しかし、それができるのは時間の余裕とお金に余裕がある人、あるいは犠牲にしても痛くも痒くもない時間とお金がある人に限られる、自分には犠牲にしてよいお金や時間のゆとりはない、と考えるようになりがちだ。時には心から話し合う人間関係を煩わしいこと、重荷だと感じてしまう。さらに、安易に人を信じてはいけない。安易に信じてしまったら、自分がやっと手に入れたお金や地位や権利がふいになりはしないか心配になり、そのことを恐れ、自己防衛する。一人で頑張っていくとき、お金や地位や権利が重要な基盤なのだから、これらを手放すわけにはいかないからだ。

ということは、一人で頑張って仕事中心の経済成長のシステムに乗ることとは、自分の存在を確保する代わりに「自立」という名の孤立に陥ることである。「自立」とは孤立に陥り、孤独になることで、今日の若者の生活だと綱渡りのように緊張した暮らしになる。それは精神的にとても辛く苦しいことだ。今後、低経済、低賃金、公的保障の低下が予測されるから、「自立」しなければいけないと思えば思うほど、気持ちは余計重くなるだろう。

このように考えると、次のような反論があるだろう。「独立し『自立』した個人がよい社会を作るのであって、依存心や従属意識のほうが問題ではないですか」、と。だけれど「自立」した人間が多くないとよい社会には本当にならないのだろうか。

２０１１年の震災以降、人々のきずなが大事だと言われ、家族の大切さが再認識された。なぜ３・11をきっかけにきずなや家族が見直されたのかといえば、それまで信じていた経済成長や科学技術こそが人類を豊かにするという神話が崩れ、経済（お金）と科学技術だけに頼るのは間違いではないか、これに変わるより確かなものが必要だと感じる人が多くなったからだと思われる。その結果きずなや連帯が再認識されたのだ。きずなや連帯というのは、いろんな人が仲良く暮らすことであり、お金や仕事がなくても何とかなるという安心感が得られる人と人のつながりがあることだ。

「こういう社会を作りたい」とか社会をよくするアイディアや思いつきというのは、往々にして一人だけで自分の頭の中だけで出てくるものではない。誰かとの会話のなかで出てきたり、他者との関係で作られたりするものだ。自分だけで考えたというよりも誰か周囲の人がいて、何かしらの会話をしてそれに触発されたりして意見がわいてくるものである。アイディアとは人と人との意見のかわし合いの中で生まれる間主観的、主観的共同性によるところが大きい。このような意見を交わす人間関係とは自己を強く主張する者同士よりも、相手を受け入れたり自分の意見を曲げたりする関係のほうが適しているのではないだろうか。「自立」した個人同士が強い自己主張をしながら意見を言い合うと、自分の言いたいことだけを言い放ち、他者の意見を排除して話し合いが終わってしまうことがよくある。このような場合はいいアイディアにつながらなかったり、関係がぎこちなくなったりする。ということはきずなや連帯を作る場合、「自立」や強い自我意識はかえって妨げになるということだ。

精神面でのきつさだけでなく、若者が都市で「自立」した生活を送るとなると、衣、食、住の維持にコストがかかる。一人分の食事を作って食べるのは、二人分三人分作って一緒に食べるのに比べて無駄が多いうえに、作る意欲もわきにくい。だからコンビニ弁当や外食を多用する。が、コンビニ弁当も外食も自分で作るよりも高くつく。賃貸マンションでは不経済だからと、分譲マンションや住宅を買えばローンの返済で先の人生を縛られてしまう。

一般的にはお金がない状態、食べていく力がない状態を貧困という。しかし、現代の若者についてみると、「自立」に囚われると精神的にも経済的にも貧困を招くことが多いように思われる。

3、非正規労働者として生きる

非正規労働者は貧困か？

それでもやはり、若者が貧困になっていく原因は非正規労働が増えたことのほうが大きいという意見は多い。非正規労働は低賃金、不安定雇用、しかも公的保障も薄い。だから貧困になりやすいが、正規労働なら安定雇用、安定収入で社会保障もあるというのが通念だからだ。しかし、近年は必ずしもそうではなくなっている。私たちが受ける労働相談では、正規労働でも昇給なし、残業手当なし、低賃金、しかも会社がかけるべき退職金をかけていない、いやなら辞めてもらって結構というところが増えている。基本給を低くしておいて、役職手当（名ばかり管理職手当）や資格手当で底上げする方法をとる会社もある。このように使用者が横暴なところは中小企業で、大手や官公庁はそうではないのかもしれない。しかし、労働者の多くは中小企業に勤めている。つまり労働相談の視点からだと、非正規労働と正規労働はかつてに比べて接近してきていると思えるのだ。

このこと以外に、非正規労働は必ずしも貧困だとは言えない側面があると思う。

かつては、非正規労働は同じ仕事をしていても正規労働に比べて低賃金だが、雇用の調整弁だから、主婦のように子どもや家庭の事情がある人にとっては好都合とされてきた。辞めたり休んだりするのが正規労働より簡単というわけだ。80年代は「女性の職場進出が進んだ」といわれてきたが、働く女性のおよそ半分はパート、アルバイト、契約、派遣などの非正規労働であるのは今も変わらない。だから、「使えない人」といわれ、責任ある仕事が任せられない。いくら働いても「自立」できない、男女平等を言いたかったらちゃんとした賃金労働をするべきだといわれてきた。私もこの意見に賛成してきた。

ところが近年、ことに働く現場で不公平感が広がっていると聞いた。働いた時間をすべて公平、平等にお金に還元してほしいと要求するというのだ。かつて共働きをしていた私もこれと全く同じ感覚を持っていた。平等（もちろん男女平等も）とはお金と時間、労力（家事労働も）すべてにおいてきっちりと同じであるべきだ、という物質的平等論に囚われていた。女だけが家事、育児のほかに賃金労働をやる、男は仕事だけなんて不平等ではないか、と言ってきた。その怒りが男女平等運動の原動力になっていた。そして、共働きをしていたときのそういった怒りは今も収まったとは言い難い。

しかし、このような物質的平等論を推し進めた結果次の反論が出された。

「それじゃあ、『使えない人』はいなくなってもらいます。そして、すべてをきっちり平等にしましょう。同一労働、同一賃金に従って女性保護などしないで実質的平等にします」

このように、「女性が育休を取るのも、介護で休むのも賃金に反映されないことですよ」という紋切り型の保護抜き平等的な解決策になってしまい、不毛で殺伐とするばかりだった。やがて労働に費やした時間ともらったお金の帳尻合わせに収斂させるのはどこかおかしいし、ことはそんなに単純で否定的なことばかりではないと思うようになった。子育てや介護に忙しくフルタイムでは働けない人、「使えない人」がいたっていいではないか、いろいろな事情を勘案しない物質面だけを見た平等論はどうもダメなのではないか、と思うのだ。

そう考えてみると、私自身も仕事と家事、育児というように二重に働き、搾取され、多忙だった。しかし、その年月というものは、仕事の合間にする家事の楽しさや育児の幸せ感など、仕事では得られない精神的充足感が数えきれないくらいあって、そのような思い出が今でも大変な時の心の支えになっている。物質的には不平等だったけれど、これらを勘案すれば決して不平等だとはいえない。このことが、何年もたってからようやくわかるようになったのである。

物質的平等論が主張される一方で別の動きが出ている。好きな芸術に関することに時間を取りたいから、子どもと一緒に過ごしたり、生活を楽しんだりしたいからといって、あえて非正規の仕事を選ぶ若者がジワリと増えているという。かつて主婦が非正規労働を選んだのは主婦としてのノルマや義務感によるところが大きかったが、これらの若者の選択は人生における優先順位に由来していて、この点が違っている。優先順位の中で仕事は何にもまして一番というわけではなくなり、家事や育児、生活そのものの楽しさを重視することが豊かだと考える人が増えているのだ。加えて２０００年代以降の低経済のお蔭で、20代男女の非正規労働者がそれぞれ40～50％を占めるようになり、男性も女性も変わらなくなった。それまで既婚女性が引き受けてきた雇用形態に若者が参入してきたとみることもできる。

これらの傾向が今後それほど変わらないとすると、あるいはもっと進行するなら、また正規労働で働き続けても必ずしも解雇されないとか社会保障がちゃんと受けられる保証がないとしたら、お金は少ないけれど時間は「金持ち」になる働き方を選ぶのは当たり前のような気がする。ということはこの先の低成長、低保障の時代は「非正規労働は貧困」ではなく、非正規労働のほうが生きていく上では好条件がそろっているということもありうるのではないだろうか。

非正規労働はチャンスではないのか

湯浅誠は『反貧困――「滑り台社会」からの脱出』（岩波新書２００８年）で、ノーベル経済学賞受賞のアマルティア・センの言葉を次のように引いている。

「貧困は単に所得の低さというよりも、基本的な潜在能力が奪われた状態とみられなければならない」「潜在能力とは十分な栄養を取る、衣料や生活が満たされている、という生活状態に達するための個人的、社会的自由を指している」

湯浅はセンのいう「潜在能力」を「溜め」という概念で言い表している。「溜め」とはお金に限らず有形、無形の様々なものが該当するとして、頼れる家族、親族、友人という人間関係の「溜め」、自分への自信や自分を大切にできる精神的「溜め」を挙げている。湯浅の挙げる人間関係や精神的「溜め」をたくさん持っている人は、たとえお金がなくても貧困に陥らなくて済むのである。それではどのようにしたら「溜め」をたくさん作ることができるのだろうか。これまでの議論につなげて考えると、仕事だけに縛られない非正規労働のほうが作りやすいのではないだろうか。

先日ある人の講演会で、その演者がピースボートに乗ったときのエピソードを聞いた。乗客の7割近くが中高年齢のカップルだったのだが、面白い（と言っては失礼かもしれないが）光景に出合ったという。食事時になると、カップルのうちの妻（中高齢女性）はその場で知り合った女性同士が、いくつかのグループになっておしゃべりをしながら食事を楽しんでいる。一方、彼女の連れ合いの夫（中高齢男性）は、みんなぽつんと一人でそれぞれ食べている。つまり、中高齢者は女性のほうが隣に居合わせた人同士がすぐにおしゃべりし親しくなり、友だちになるのに対して、男性は隣に誰かいても話しかけようとしない、この違いはいったいどこから来るのでしょうね、ということだった。私も昨年、紅葉がきれいなお寺に行った時のことを思い出す。観光客は家族、カップル、夫婦のほか年配女性がグループになって連れだっている光景にたくさん出会った。ところが、年配男性のグループというのは見かけなかったのである。

知らない人とすぐに仲良くできる、おしゃべりするというのは人間関係、さらにはきずなや連帯を作る上で欠かせない。この〈能力〉があれば全くの貧困に陥らなくても済むのである。が、なぜこのような能力はとくに中高年の場合、男性より女性のほうがすぐれているのだろうか。

思うにこれは「男は仕事、女は家庭」という性別分担を忠実に守ってきた結果ではないだろうか。団塊の世代以上の人たちは、とても性別分担意識が強くこれを規範としてよく守り、女性は主婦化が進んだ世代だ。男性は妻子を養うために「仕事」にまい進してきた。何十年も正規労働者として働き、他に負けないように自分の意見を持って能力を発揮し、たくさんお金を稼ぎ、社会的地位を築いてきた。それによって自己肯定感や自負心が身についた。だが、その意識は一線を退き、名刺や肩書が通用しなくなってもきちんと残っている。これをセンの「潜在能力」、湯浅の「溜め」という概念に照らせば、資産、貯蓄などお金、そして自負心、自己肯定感、自分の意見を強く持つなどの精神的「溜め」を中高年男性は多く持つことができた。しかし、自負心や自己肯定感、つまり「俺は偉かったんだ」「俺にはこんな能力がある」という精神的「溜め」は、誰でもない人と仲良くなる時には障壁になってしまう。誰だかわからない人と仲良くするときは心を空しくして、へりくだらなければうまくいかないのに、自我が邪魔してしまうのだ。

これに対して中高年女性の多くは何の肩書きもない一主婦として生きてきた。中には一貫して賃金労働などしなかった人も多い。彼女たちに聞いてみたわけではないが、きっと自己主張しない、自分の意見を持たない場合が多く、もしかしたら「私なんて大した人間じゃないわ」という自己卑下とか自己否定の気持ちすら持つ人も少なくないのではないだろうか。「潜在能力」「溜め」に照らしてみれば、彼女は大したお金や資産はないかもしれないが自己主張しない謙虚さ、へりくだりという精神的「溜め」がある。心を空しくしているということは、他者を受け入れるときいつでもウエルカムであるから、なんでもない人となんでもないおしゃべりができるのであり、自己とか自我意識というバリアがない分すぐに仲良くなれるのである。

このことは非正規労働という働き方にあてはめることができる。

非正規労働は賃金が少ない。だからこの先が心配だしリスクが大きいと捉えるのはあまりにも一面的ということだ。お金は少ないけれど、仕事以外の活動や生活そのものを楽しむゆとりがある。そのゆとりは自分だけでなく社会にマイナスイオンを発散することになるだろう。さらに大した肩書がない分、自己を主張したり誇示したりすることが少ない。つまり、誰かと仲良くなるとき心のバリアがないから人間関係や共同体を作りやすい。ということは困ったときに孤独に陥り、孤立しないための「潜在能力」「溜め」を持ちやすいということだ。そういう意味で、これからの低成長社会を生きていくためのチャンスとスキルをより多く持っているといえるのである。

第2章

「未婚、高学歴、ノンキャリア」という生き方

1、非正規労働男子と結婚

「欲望はない、だけど不安はある」

第1章で日本郵政に勤める山本啓二さん（仮称　41歳）を紹介したが、同社に勤務する内山誠さん（仮称30歳）にも会って話を聞いた。彼もまた期間雇用社員で勤続8年である。

仕事内容は郵便物の集荷業務で、一貫して13時から20時までの昼間の勤務だという。山本さんよりもずっと健康そうでがっちりとした体型だ（ちなみその日の夕食、内山さんはオムライスを食べたが、山本さんはアスパラガス5、6本にチーズを乗せたグラタンだけだった。「えっ、それだけで足りるんですか？」と聞くと、「そういう体質になってしまっているんですよ」と笑いながら答えた）。内山さんはもともとの性格なのだと思うが、のんびりおっとりとした人のよさそうな風貌で、貧困とか切羽詰まった生活とは無縁に見える。もう一つ山本さんと違うのは、彼は自宅通勤者だから稼ぎのうちから生活費などを出さなくてもいい点だ。彼もまた「Aランク習熟あり」で、時給１２３０円なのだがこれより上の時給はない。単純計算すると月収19万円足らず、年収２２７万円ほどだ。賃金のことを聞くと次のように答えた。

「賃金でそれほど不公平は感じていません。自分の働きにあった分だけお金をもらえばいいですから。

それに周囲もバイトの人が多いからあまり貧困だとは思えないです。親元から通っていれば給料が15万円でも結構満足して暮らせますから、自分は貧しくないと思えるし、実際みんなこんなもんだって思っていますよ」

内山さんは賃金に不満はない。が、「仕事ができない人やサボるのがうまい人がいて、そういう人が結構いい給料をもらったり職場の居心地がよかったりするのはおかしい。向上心のない人が時間をつぶしていればお金になる、そういう労働環境が問題だ」という。私が驚いたのはこの話よりも休暇の取り方だった。二人とも年次休暇は20日あるが、計画年休はないという。私は思わず「それでは1週間くらいのんびり旅行に行くというのはできないのですか？」と聞いてしまった。二人とも3日以上続けて休んだことはない、という。「それでは3泊4日とかそれ以上長期の旅行はしないのですか？」と執拗に畳みかけて聞いてしまい、内心しまったと思った。3日以上の休みを取ったことがないのだから、当然そういう旅行をしないに決まっている。内山さんは「もちろんありません」と言った後で、「旅行に行かなくても別に不自由だとは思わないし、特別行きたいとは思いません」とあっさり言った。

なるほど。私のようにがつがつとあれも欲しいこれも見たいあれも食べたいこれも買いたい、そうやって多くの時間を賃金労働と消費にあてててきた人間からすれば、きっと誰しもが海外旅行に行って世界遺産を見たいに決まっている、おいしいお酒とグルメには惹かれるに違いないと思ってしまう。人を見るときついそのような目で見てしまう品性の卑しさが抜けきらない。非正規労働という働き方のなかで彼らの欲望は変化し、進化を遂げている。海外旅行や新しい服や車、そしてグルメなどは特に欲しいものではなくなっている。

この点、彼らのほうが品性は高い。では、不要な欲望がないから不安もないかというと、そうではない。彼らが最も不安に感じているのは、老後の社会保障の薄さだ。今はこのままで満足だが、30〜40年後老後の問題は必ずやってくる。

「この国は若者の社会保障はいちばん最後に手を付けるし、老後の生活は基本的に自己責任とされている。だけど、個人で何とかできる問題ではないから社会で保障するしかないのに、そうはならないでしょう」

内山さんはこのことが一番不安だ。だけど「老後はこれで万全」などという安心な策など全くない、だから考えたってしようがないというのである。確かにその通りだろう。国民皆保険など社会保障も、「妻子を養う」ことのできる給料も、右肩上がりの経済成長によって支えられてきた。経済成長の時代には採用した新人を教育するとか、多少サボる人や向上心がない人でもやっていけるなど、企業にも学校にも社会にもゆとりとアソビがあった。70年代の学校ではきちんと授業に来ない先生もいたが、生徒も先生も「変わった先生」という扱いをしてちゃんとそれはそれで学校に位置付けられていた。それが下降経済になってそれまでのゆとりやアソビがなくなり、社会保障もおぼつかなくなった。内山さんが洩らす「サボるのがうまい人や向上心のない人がちゃんとした給料をもらうのはおかしい」という不満はこのような文脈の中で生まれている。

が、右肩上がりの経済成長が天井知らずに続くことはありえない。経済成長と豊かな生活は地球上でも限られた国、限られた時代でしか発生しない。内山さんたちの働き方と過大な欲望を持たない暮らし方、「働きにあった分だけのお金」で暮らしていきたいというのは、低成長でゆっくりと時間が流れる社会にマッチしているし、この時代を生きる人の体質にも適合しているといえるのではないだろうか。

僕らが結婚を望まないわけ

山本さんも内山さんも、自分たちの立場を実態としては正社員以上の仕事をこなしているといい、そういった自分の働きに誇りを持っている。だからこのままずっと非正規労働でも構わない、という。この立場でも弱者を励ますことはできるし、みんなが居心地のいい職場を作ることもできると肯定的に捉えている。ただし、このように自己査定すると同時に、非正規労働であることに劣等意識も抱いているのである。劣等意識が如実に出現するのは、結婚に関する話が出た時だった。1章で述べたように山本さんも、また内山さんも結婚を望んでいない。理由の第一は「経済的に無理」、つまりは年収300万円以下の非正規労働者では「妻子を養えない」というものだ。

「女性は誰しも正社員の男性、勝ち組を望むでしょう。だから自分は選ばれません」と異口同音に答えた。そこには、男は「働き方と稼ぎ高」で価値が決まるという拭いがたいフレームがある。日本が農業中心の国だった時代、一人の男性だけで妻子を養ってきたなどということはない。家族総出で家業を営み、その成果によって食べてきたはずだ。しかし、近代になって世間も男性自身もこのフレームを通して男性の価値を測るようになった。それ以外のフレームがあったとしてもそれは二次的、三次的としかみなさなくなった。だから山本さんのこの言葉には、結婚しないのは女子どもを養えないからという卑屈さと、養えないのは男ではない、養ってこその男という沽券とが表裏一体になっているように感じられた。が、男の値踏みを「雇用と賃金」というフレームでするのは、近代資本主義経済という条件下で染みついた垢である。これは、人間だけでなく人間関係、さらにはあらゆる人間的な価値を物象化する垢で、ことに男性の身体のほうにこびりつき易い垢である。

男性に限らず、人間とはそれぞれ特有の顔と個々の生きざまを持った一人一人違った存在だ。しかし、この垢がこびりつくと男を「稼げる」「稼げない」という視点で見てしまいがちで、不特定の顔を持たない〈男〉として認識され、扱われてしまう。この区分けは多くの人に受け入れられ、非正規労働か正規労働かにかかわりなく囚われている。

だから結婚を考える場合も、男性を「いくら稼ぐか」というように物象化して捉えてしまう。つまり、「男は稼ぎ、女は子を生んで育てる」というようにそれぞれの役割をこなす男女の結合になってしまう。これを前提に標準家族形成が描かれ、男女、夫妻はその役割を乗り越えないこと、役割を守ったうえで一つ屋根の下で暮らし、寝食を共にすること、それ以上相手に接近したり、内部深くまで侵入したりすることなく日常をつつがなく送ることが優先される。

夫婦関係について、ある年配女性から聞いたぞっとするような話が思い出される。話というのはこの年配女性の友人のことだ。その友人の夫は、たいそう有能な方で仕事ができたため、某大企業の重役級にまで上り詰めた。が、60歳も半ばに差し掛かった時職場で倒れ、救急車で搬送された。知らせを受けた友人はあたふたと駆けつけ、病院で安静にしている夫に面会して愕然とした。夫の寝顔が全く面変わりしていたからである。夫は長い時間をかけて自分の歯を全部入れ歯に作り替えていたらしい。病気で倒れた時それが全部外されたのだが、友人は入れ歯を作った経緯を知らず、あるいは知らされず、入れ歯を取った夫の顔すら見たことがなかったというのである。

入れ歯を入れるなどというのは生活の日常的一場面なのに、それを知らなくても夫は稼ぎ、妻は家庭を守りさえすれば夫婦関係は問題なく維持できるのである。

このようなフレームでいくと、稼ぎがない男性と家事育児を拒否する女性のカップルはありえなくなる。本当は彼らの結婚したい真意は、夫妻のそれぞれの役割を乗り越え、そこから解放されて、生きる上での問題を共有することなのかもしれない。だけど「稼ぎ高が男の値打ち」というフレームで見るのが当たり前になっているから、「一緒に生きていくうえで人生の問題を共有したいよね」いう関係にはなりにくく、非正規労働者では結婚は到底できないとあきらめてしまうのだ。これはたいへん残念なことだ。

第1章で25歳のフィリピン人カップルと同じ歳の日本人カップルを紹介した。そこでフィリピン人カップルのほうがとても民主的な印象だったと述べた。思うにフィリピン人カップルは二人とも不安定雇用、さほど高くない賃金の派遣社員（非正規労働）である。しかし若い夫のほうと話をしていて、彼が男の沽券とか雇用形態、賃金に囚われていないことを痛感した。これは非正規労働同士だからこそ、人間を稼ぎ高でみない気持ちが知らないうちに作られてきたためではないかと思えた。

2、オフコースな彼女たち

「未婚、高学歴、ノンキャリア」

そうはいっても「稼ぎ高」で男性を見る若年女性のほうがマジョリティーだろう。頑張って「いい大学」に入り高い学歴を持ち、社会でよい仕事をしていても結婚を機にすっぱりと仕事を辞め、夫の稼ぎの中で暮らしていきたいという女性は今でも多い。むしろ近年、若年女性の主婦願望が強まっているとする調査結果もある。「男性を稼ぎ主とする家族は絶滅危惧種と化した」といわれているけれど、たぶん日本人の意識はそこまで行っていなくて、彼女たちは年収３００万円以上、正社員の男性を選択する。だから自分が非正規労働であるかどうかにかかわらず、結婚したら労働市場から離脱して主婦になり、子どもを生み、それが一段落したら再就職しようと考える。このような道を選ぶ女性が多数派で、およそ65%と思われる。結婚によって彼女たちは主婦、妻、母になり、社会的ヒエラルキーは上がり、安定した生活と〈幸せ〉を手に入れることができる。

これに対して「よい大学」を出て資格を取り、もちろん紆余曲折はあるにせよ大手企業、官公庁、教育機関などで専門職に就き、年収５００万円あるいはそれ以上稼ぐ正社員の女性がいる。序章の図６（P17）で厚労省の平成24年「賃金構造基本統計調査」を示した。この調査の賃金別割合を見てみよう（図表８）。女性労働者で年収５００万円以上はたった２・１%しかいないし、４００万円以上だと５・４%、年収３６０万円以上だと８・４%弱である。

図表８　賃金階級、性、年齢階級別労働者数割合

賃金階級	女性										
	年齢計	20～24歳	25～29歳	30～34歳	35～39歳	40～44歳	45～49歳	50～54歳	55～59歳	60～64歳	65～69歳
千円 ＼ %											
計	100,0	100,0	100,0	100,0	100,0	100,0	100,0	100,0	100,0	100,0	100.0
～99.9	0.6	0.3	0.3	0.4	0.5	0.6	0.6	0.8	1.0	1.5	2.5
100.0～119.9	2.2	2.0	1.3	1.4	1.8	1.8	2.1	2.6	3.3	5.7	8.9
120.0～139.9	6.1	5.9	3.9	4.0	4.6	5.3	5.8	7.1	8.5	15.1	13.9
140.0～159.9	10.4	13.2	7.9	6.8	8.0	8.7	10.2	11.9	12.7	19.2	23.1
160.0～179.9	11.9	19.8	11.2	9.7	9.3	9.0	11.3	10.8	12.4	13.7	12.0
180.0～199.9	11.9	21.6	15.1	11.4	10.2	9.0	9.2	9.5	9.7	10.5	6.9
200.0～219.9	11.2	17.2	16.7	12.6	10.2	8.9	8.0	8.0	8.1	6.4	5.6
220.0～239.9	9.8	9.5	14.5	14.0	10.3	8.6	7.4	7.4	7.2	5.0	4.7
240.0～259.9	8.3	6.0	11.3	11.9	10.1	8.5	6.7	5.7	6.1	4.5	3.8
260.0～279.9	6.1	2.4	7.1	8.4	8.4	6.7	6.1	6.2	4.9	2.4	2.0
280.0～299.9	4.6	1.1	4.1	5.8	56.4	6.3	5.3	4.5	4.0	2.2	2.3
300.0～319.9	3.6	0.6	2.9	4.5	4.7	4.9	4.7	4.3	3.3	2.1	2.5
320.0～359.9	5.0	0.4	2.5	4.7	6.8	8.3	7.6	6.1	5.1	2.9	2.5
360.0～399.9	3.0	0.0	0.7	2.2	3.8	5.6	4.7	4.7	4.3	1.9	2.8
400.0～449.9	2.2	0.1	0.2	1.0	2.4	3.8	4.0	4.2	3.5	1.5	2.5
450.0～499.9	1.1	0.0	0.1	0.3	0.8	1.6	2.2	2.1	2.1	1.4	0.8
500.0～599.9	1.0	0.0	0.2	0.4	0.47	1.2	1.69	14.9	2.2	1.6	1.2
600.0～699.9	0.5	−	0.0	0.2	0.4	0.5	1.3	0.9	0.9	1.2	0.9
700.0～799.9	0.3	0.0	0.0	0.2	0.3	0.5	0.3	0.4	0.3	0.5	0.5
800.0～899.9	0.1	−	0.0	0.1	0.1	0.1	0.1	0.36	0.2	0.3	0.2
900.0～999.9	0.1	−	0.0	0.0	0.0	0.1	0.1	0.2	0.1	0.1	0.4
1000.0～	0.1	−	−	0.0	0.1	0.1	0.2	0.3	0.1	0.2	0.0

※資料：厚生労働省「賃金構造基本総計調査」2012年

どのくらいの年収があれば「キャリア組」とするのかは一概に言えないかもしれない。ここではキャリア組を「生涯年収が高く、老後保障もあり、自立した生活、〝おひとり様の老後〟が可能な人」としたい。一般的に収入から税や社会保障費が控除されたものが可処分所得だ。そののち光熱費、住居費、私的保険料や預貯金など生活必要経費を差し引く。手元に残ったお金で生活をまかなうことになる。年収３００万円だと「一人で十分やっていく」にはぎりぎりないしは難しいのが実情だ。何とかやっていける額は年収３５０万円以上といえる。だからこれ以上収入がある人を「キャリア組」としたい。そういう人はこれまでも一定数存在した。つまり結婚組とキャリア組という二つのカテゴリーは、いわば女性のライフコースの定番である。

それぞれの割合を65％と10％とするなら、これを差し引いて残るのは25％だ。この25％とはいったいどのような女性かと言えば、定番のライフコースに属さない人たちということになる。すでに述べたように、彼女たちは概ね次の３つの特徴を合わせ持っている。

４年制大学を卒業しているなどいわゆる「高学歴」である。
３５０万円以上稼ぐいわゆる〝キャリア〟には属さない。
一定の年齢になってもあるいは生涯を通して結婚しない。

これまでにない新たなカテゴリーに属するこのような女性群を、本書では「25パーセントの女たち」と呼ぶことにする。

彼女たちは、ノンキャリアといっても全く何の資格も学歴もないというわけではない。多くは大学を出ているし、ダブルスクールや留学をする者、大きな資格を取得する者もいるし、必ずしも非正規労働ではない。しかし、賃金と雇用から見て先に述べた〝キャリア〟というカテゴリーには属さない人である。私が結婚した37年前には生涯独身を通す女性のほかは（そういう人はわずかだったが）ほとんどが結婚していたから、このような若年女性は存在しなかった。が、２０００年代以降、高学歴化、晩婚化に伴う女性の考え方、生き方の変化の中で「25パーセントの女たち」は顕在化してきたのである。

いったいなぜ彼女たちに注目するのか、注目に値するのか、そもそもそんな女性は実態としているのか、25％をはじき出す計算式は果たして妥当なのか、多くの疑問が寄せられるだろう。さらに彼女自身が「25パーセントの女たち」と呼ばれたとしても、自分が世の中で占めている位置について自覚している人はいないかもしれない。なぜなら彼女たちは自分の存在を知らしめるアクションを起こすわけではない、サイレントで不可視的な存在だからだ。だから、そのような人たちが世の中にいることそのものが疑問視されるだろう。

90年代初めバブルが終息した。「25パーセントの女たち」の多くは90年代後半に中学、高校などで思春期を過ごし、２０００年代に大学に入ったり、社会に出て行ったりした。それまでは大学を出れば何とかなるといわれていたのに、いざ出ようとすると超氷河期だといわれ、何十社も採用試験に出かける経験を余儀なくされた。あげくちゃんと就職できた者もいるが、非正規労働者になった者、専門学校などダブルスクール、大学院、留学を選んだ者、職を転々とした者……と様々だった。「生き方の多様化」と言ってしまえばそれまでのことかもしれない。しかし、学卒後の女性は就職後何年かしたら結婚するという生き方が、この時期つまり２０００年代には（いやもっと以前から）、必ずしも定番とはいえなくなっていた。多くの女性は学卒後花嫁修業をするのではなく、自分の生き方を模索し、生きがいとなる仕事探しをするようになり、それを実行に移しはじめた。ただし、彼女たちの念頭には「いずれ結婚する」という無意識の思いと期待があって、その思いは30歳を超えるころからようやくはっきりしてくる。だけどまだ結婚するには早い。子どもを生むのは30後半でも大丈夫だと思う。

そして2011年の3月11日がやってきたし、低成長経済にもなった。このような時代の波が若年女性に及ぼした影響は小さくない。原発という科学技術の粋を集めたものが信じられなくなり、経済成長も望めないという事実は、彼女たちの認識や意識のレベルでなく、無意識の本能的な身体レベルに影響しているように思われる。つまり、これからを生き延びるために子どもを生まない選択をしはじめているのかもしれないし、結婚という形ではないもっと違った人間関係をどこかで求めているのかもしれない。こういった女性が現れたのは、単に婚期がかつてよりも8〜10年先送りされただけの晩婚化現象と捉えるだけでは見えてこないのである。

2011年の日本女性の平均寿命は前年比で0・40歳縮み、世界2位に転落したと報じられた。女性の平均寿命が縮んだ主たる要因は20代女性の自殺率が高いことだとされている。20代女性の自殺率が高まったのは、就職できなかったことや人間関係がうまく構築できなかったためだと指摘されている。20代女性は高学歴になり、雇用への門戸も広がった。だから彼女たちは男女平等や自由も手にしたと信じて社会に出た。が、必ずしも思い描いていたような平等で自由な道は用意されていない、そういう行き場のない閉塞感が彼女たちに広がっていると考えられる。

また、結婚していない女性は社会のヒエラルキーでは下の方にいて、期待されていない存在だと見ることもできる。だから女性のほうが「何をやったっていいんだ、どう生きようと勝手なんだ」という〈自由〉な気持ちがあって、これまでとは違ったライフコースを選ぶようになっているとも考えられる。以後は「25パーセントの女たち」を中心に据え、その存在をより詳細に見ていきたい。

非正規労働男子との類似

この「25パーセントの女たち」は、若年の非正規労働男子と類似するところがいくつか見られる。一つは、もともと女性に多かった非正規労働が男性にも広がった点だ。15〜24歳の非正規雇用者率は男性45・5%、女性52・6%とともに半数近い（25〜34歳になると男性は15・9%、女性は39・4%というように差がついてくるが）（2012年　総務省「労働力調査」）。非正規労働者は低賃金、不安定雇用で、将来の生産性の制約になっている、また少子化の原因にもなっているなどと負の側面が指摘される。彼らは確かに社会のヒエラルキーで底辺に位置づけられ、雇用市場から疎外され、ちゃんと働いていても賃金と雇用がきちんと評価されていないことが多い。だから〈かわいそうな人、浮かばれない人、弱い立場の人〉という見方をされる向きが強い。が、そういった見方とは裏腹に、彼らは底辺で産業を支えているのであり、彼らがいなければ基幹産業といえども成立しがたいほどに重要な存在である。

そうではあるが彼らの思い、気持ちは、こういった世間の見方、評価のされ方とは関係ないところにあるように思われる。先に紹介した日本郵政で働く若者は、非正規労働を長らくやってきているのだが「この働き方で満足している、お金は必要以上に稼がなくていい」と言っていた。つまり別段自分を〈かわいそうな人、ヒエラルキーの底辺にいる人〉と思っているわけではない。むしろ彼らは現在の稼ぎ方や収入でいいと思い、格差社会の底辺にいるとみられていてもそれをさほど意識していない。自分たちを貧困だとはあまり認識していないようなのである。それはなぜだろうか。一つには非正規雇用の若年男女は親元で暮らしたり、その援助を受けたりしている場合が多いから生活に困らないということがある。経済的に困っていないから、若年男女とも自分を貧しいと認識していない。が、このこと以外に、精神的な面での共通点がある。

どのような精神面かといえば、私がインタビューした非正規労働男子も「25パーセントの女たち」も彼らなりの自尊心や誇りを持っているのである。そしてよく聞いていくと社会が公正であることを望み、ほどほどの正義感を持っている。社会の不正になんらかのモノを申したいという思いも強く、その一方で社会には迷惑をかけないで生きていきたいと思っている。これを慣用句で表せば「矜持」という語が当てはまる。地位とか名誉とか権力とかお金とかに関係なく、誰が見ていようがいまいが人間としてシャンと生きていたいと思う気持ちである。

このようなプラス志向と呼べる意識に反した思いも同時に持ち合わせている。つまり「自分はダメな人間だ」と心のどこかで感じているのである。なぜだめな人間だと思うのかといえば、賃金労働でそんなに頑張りたくない、ましてや人を蹴落としてまで上に立ちたくないといった上昇志向があまりない点だ。お金、モノ、キャリアを得ることよりも自分なりに心地よいと思う暮らし方、生き方をしたい。バリバリではなくそこそこ、肩ひじ張らずに暮らしたいという人が多いのだ。つまり、今日若者に必要とされるガンバリズムとか努力とか自己肯定感といったものをあまり持ち合わせていない。今時の風潮には逆行するかもしれない。だから「ダメな人間だ」と思うのだ。が、これは見ようによってはマイナスのメンタルというよりも、先に述べた、近代資本主義経済で稼ぐことを至上と考える枠から外れたいという思いから発生した自己防御的意識ともいえる。つまり、資本主義経済にどっぷりつかってそこに巻き込まれてしまったら身も心もボロボロになってしまう、そうなるのは嫌だ、だから、そこそこうまくやってあとは避難しようという、無意識に近い思いだと考えることもできる。

「25パーセントの女たち」と非正規労働男子は、ともに人間の価値を稼ぎとか地位で判断したくないと思っている存在なのかもしれない。

3、彼女が若くて未婚なわけ

女性と「貧困」

しかし、「25パーセントの女たち」と非正規労働男子とは明らかに違う点がある。その一つは、同じ〈かわいそうな人、貧困〉と言われても、収入で見ると女性のほうがより深刻な点だ。女性の場合年収３００万円未満は、20代は９割以上、30代でも８割が該当する。男性は20代だと９割近くで女性とあまり変わらないが、30代前半は７割に、後半になると５割に減っていく。つまり男性の場合年齢とともに収入が増える傾向にある。が、女性で自立ぎりぎりといわれる年収３００円以上を稼ぐ人は、勤労者の17％ほどしかいない（図表８、63ページ参照）。

２０１１年12月9日の朝日新聞に「単身女性の貧困3割強　母子世帯は57%」という見出しの記事が載った。国立社会保障・人口研究所による分析結果で「勤労世代（20～64歳）の単身で暮らす女性の32%が、65歳以上だと52%が『貧困』[ii]」と報じられた。貧困者全体の57%が女性で、95年の集計より男女格差が広がっているという。女性の貧困層が広がった要因は高齢化と非正規労働で、貧困が女性に偏る現象があると報じられた。この記事は大きな反響を呼んだ。反響の理由を、分析、報告にかかわった阿部彩（国立社会保障・人口問題研究所）は「女性は昔からずっと貧困だったんです」としたうえで次のように説明する。

「（同報告は）同時に男性の貧困率も25%であるということは発表しているのですが、どういうわけか単身女性の貧困率だけが新しいこととして拡がっていったのですね。そのこと自体が、おそらく今までいかにこの問題が誤解され、社会的に扱うことが難しくされてきたかということを表していると思います。女性は貧困ではないだろうというイメージがすごく強くて、女性の所得が低いことは問題ではなく、それを覆して出したからこそあれだけ評判になったのですが、逆に言えば反対のイメージがすごく強かったのだろうと思います[iii]」

「女性は貧困だ」というとすごい反発があるのだという。これはどうしてだろうか。

そもそも、女性が経済的に自立してなにかしていくというのがこの社会では想定外で、だから「女性は貧困であるはずがない」ということだ。「女性は結婚して男に養ってもらう存在。養ってもらえないのはかわいそうな人。結婚しさえすれば貧困にはならない」というのが、いまだに多くの人が持つ認識だからだ。結婚こそが女性にとっての貧困対策で、これ以外の対策は何も取られてこなかったし、今でもそうだ。だから、女性の貧困問題は男性のように賃金が低いとか非正規労働をなんとかすればよいということではなく、結婚によって解消される問題とされてきた。女性の貧困は結婚と一体になって捉えられてきた。だから社会的に不可視、つまり「ないもの」とされてきた。女性は貧困でないのだから、結婚して養ってもらうのも女性差別とみなされない。

ところが最近では、男性の非正規労働が増えて「養えない男」が増え、結婚を前提にした社会保障が成り立たなくなっている。現実はこのように変化しているにもかかわらず、先のも述べたように女子大生は依然として主婦願望が強い。先行する現実に、古い意識が追いつかないためだと思われる。

〈性的存在〉という特性

経済的なこととは別に「25パーセントの女たち」が非正規労働男子と明らかに違う点がもう一つある。それは、彼女たち自身は無自覚かもしれないが、その身体が生む可能性を持った〈性的存在〉〈性的身体〉であるということだ。私もそうだったが、多くの女性は一定の年齢になると「子どもを生みたい」と思う。それは、生む可能性を持っているのだからその機能を行使したいという本質的、本能的欲求に基づいたものだ。なお、出産に「好きな人の子ども（を生みたい）」という枕詞、接頭語を付けるのは、そういったほうがロマンチックだし、結婚しやすいという社会的学習を女性がした結果である。思春期を終えた女性の多くは〈妊娠する性〉を意識する（させられる）が、そこには「妊娠するかもしれない」という危うさと不安感、ある種の恐怖が入り混じっている。この感覚は男性がおそらく持ちえないものだ。それが、子どもを生むという体験を通過すると、「人間も自然の中の一生物なのだ、自分はどこかで大地に根付き、一体になっている」という感覚が持てるようになる。自然や大地に根差した自分を感じるということで、自分の身体が持つ〝危うさ〟は消えてゆく。このことを多くの若年未婚女性は意識していないかもしれないが、どこかで予感しているのだと思う。〈妊娠する性〉〈生む性〉という現実と、そこに由来する自分は〈性的存在〉なのだという感覚もまた若年男性は持ちえないものだ。

〈生む性〉であることは生殖と結びつかなくても〈性的存在〉である。言い換えれば異性を惹き付ける何らかの魅力的身体でありうるということだ。私は女子高生と長らく付き合ってきた経験から、彼女たちは自分が〈性的存在〉であることをどう自覚しているかだいたい理解できる。そして、というより、だから、自分をより魅力的に見せ異性を惹きつけようという努力を怠らない。女子高生に限らず若年未婚女性をちょっと観察すればわかるが、彼女たちは誰しもがボディラインや髪や肌の手入れに始まって、化粧や服やアクセサリー、あるいはバッグや靴、そのほかの小物類で様々に工夫し自分を飾って魅力的に見せようとしている。どんなタイプの女性もこのことに無関心な人は少ないのではないか。どのデパートや商店街に行っても女性用のファッション関連の店は男性のそれの優に5倍はあるし、男性用はモノトーンが多いのに対して女性用はデザインも豊富なら色もカラフルだ。実はそれらを身につけて着飾りたいと思うのは、必ずしも異性のためだけではない。飾ることによって自分が〈性的存在〉であり、魅力的であるのを確認し、自己満足したいからでもある。「自分の魅力を確認し、自己満足する行為にいったいどんな意味があるというのだ」と思われる方がいるかもしれないが、それは女性の実存と深くかかわっている。

若年女性が持つ〈性的存在〉としての身体は、使い方によっては有効な手段や〈武器〉にさえなる点が、男性と大きく違う。この事例として松本清張の小説『霧の旗』（1959年作）はとてもわかりやすいので、ストーリーを簡単に記したい。

主人公の桐子（21歳）は高卒で事務職の未婚女性だ。彼女はたった一人の身内である兄が殺人罪で逮捕され、死刑になるかもしれない状況に陥る。裁判で無罪を勝ち取るため桐子は上京し、高名な大塚弁護士に弁護を依頼する。が、弁護料が払えないことを理由に、懇願する桐子の頼みを大塚は断る。間もなく兄は獄死。桐子は上京し、大塚に近づく。ある事件をきっかけに桐子は大塚をアパートの自室に誘うことに成功し、そこでアルコールを飲ませて性行為に及ぶように仕掛ける。後日桐子は「大塚弁護士から凌辱された」旨の手紙を弁護士事務所に送る。これによって大塚は弁護士の資格と職、さらには家族も失う。

桐子という社会的に弱い立場の若年未婚女性が自分の性を伴った身体を恨みのある男性に提供し、合意と思わせておいてその後「レイプされた」と世間に言う。その結果、社会的地位のある男性は破滅に陥るというストーリーだ。社会的に弱い立場の若年未婚女性というのは、地位も権力もお金もある男性を破滅させる、そういう〈武器〉を持っていることを清張は如実に描いている。〈性的身体〉を持つ若年女性にとって、レイプやセクハラはもっとも許しがたい屈辱的なことだが、その行為は反転させれば〈武器〉になるのである。女性が未婚であれば〈武器〉としてより有効だし、また、社会的地位やキャリアが低いほうがこれを使う確率は高い。キャリアがあってそれなりの収入がある女性なら、何も危険を冒してまで自分の身体を〈武器〉にする必要はないからだ。

女性が〈性的存在〉としての身体をこのような〈武器〉として使えるということは、その社会のなかで彼女たちの地位が低いから成り立つのである。女性にとって結婚が貧困対策であるこの国は、残念ながらいまだに女性の〈性的存在〉としての身体は〈使える武器〉である。ある若い女性から次のような話を聞いたことがある。
「私が今の稼ぎだと経済的に苦しいと言ったら『じゃあ結婚すれば、でなければ身体を売れば』と言われたことがあるんです」
貧しくても若い男性には言わないセリフだ。若年女性にはあえて言わないけど決めゼリフがある。「このまま働いていたって貧困のままでしょ。売るものに自分の身体があるけどそれも賞味期限つき。このままだと社会の底辺に居続けることになりますよ。それを一気に解消したうえで幸せになれる方法が一つあります。結婚して子どもを生むことです」
だけど「25パーセントの女たち」はこの決めゼリフに反対はしないが従わなくなった人たちだ。「もっと違う第3の道がある」という根拠はないがどこか動物的本能にも似た直感を持っている。高学歴だがノンキャリア、そして未婚という日々の現実的生き方そのものが、これまでにはない人生コースになっているように思われる。

【脚注】

i イエスタ・エスピン=アンデルセン　大沢真理監訳　2011『平等と効率の福祉革命　新しい女性の役割』岩波書店

ii 相対的貧困率としてあらわされる。これは、すべての世帯の所得データをもとに、一人あたりの可処分所得の上位からも下位からも50%になる中央地の半分を「貧困層」とし（07年調査では114万円）、それよりも低い値である相対的貧困率を指す。

iii 『現代思想』2012年11月号　青土社　阿部彩「『女性の貧困』問題のほどき方」

第3章

「結婚したい、だけどもしたくない」症候群

1、「男女関係の経済学」

どこまで行っても選択肢はひとつ

前章では男女とも生涯未婚率が増えたこと、ことに20代女性は3割にも上ると述べた。日本は皆結婚の国と言われていたのに、3人に1人弱の女性が結婚しないというのは大変なことだ。

若年女性に何が起こりつつあるのか、どうしたらよいのかなどもっと注目してもよいのにあまり問題視されていない。「女性の貧困」「20代女性の自殺」とともに「結婚しない女性」は語られない、語ってはいけないことの一つになっているようにも思われる。

一口に結婚といっても、それが持つ意味合いは男女で違っている。なぜなら若い女性が結婚を考える場合、必ずといってよいほど子どもを生むことがセットになっているからだ。最近は「40歳を超えても出産はできます」という若い女性もいるが、体力的、生物学的に出産も育児も若いほうが楽だしリスクも少ない。新出世前検診（妊婦の採血で胎児の状態を現在より簡単に判断できるもの）が問題になっているが、出世前検診というものは私が出産した1970年代にはそれをやる女性がいるなど聞いたこともなかった。みんな、20代前半にどんどん生んでいたからだ。これが現れた背景には35歳を過ぎて出産する女性がかつてよりも増えたことと無関係ではない。20歳代は「まだ結婚できる」「まだ出産は可能だ」、というより結婚、出産が自分のライフステージに上がってきていない女性が多い。30を超すころになってようやく考えるようになる。が、年齢とともに「結婚できる」「出産できる」という期待値は少しずつ下がっていく。女性は結婚年齢が上がれば出産年齢も上がるから、結婚は生む年を勘定に入れなければいけないからだ。40歳を目前にして不妊治療を続け、ようやく子どもに恵まれた知人がいる。不妊治療はお金もエネルギーもかかる大変なもの、にもかかわらず「生みたい」執念を彼女は語ってくれた。その気持ちはよくわかる。一方で、男性は出産年齢を気にする必要もなければ、生むことへの気苦労もない。これは大きな違いだ。

70歳近くになる友人で独身を通してきた人がいる。彼女は一人前に稼ぐ職業に就いてきたにもかかわらず、ほんとうにまれにだが「女が結婚せずに生きること、女だけの世帯というのは世間の風当たりが想像以上に強くて、腹立たしいこともあるわ」とポロリとこぼす。風当たりを避けるために結婚しても、今度は「いつ生むの？」という二つ目の強風がやってくる。

私は結婚したばかりのころ「二世の誕生はまだですか？」と聞かれて、妙に不愉快な気分になったことがある。聞いた人は当たり前のあいさつのつもりだったと思う。けれども「子どもを生むのは生殖行為による子孫繁栄なんだよ。それが許される結婚をしたのだから早く義務を果たしてね」というように聞こえたのだ。本来、結婚そして子どもを生むことは、当の本人にとってはプライベートなことなのに、世間や国家は社会的に家族を作ることによって生物的に子どもを生む義務と権利が発生したとみなす。女性にとって出産を伴う結婚は、人生最大のイベントともいえる私的行為だと思うのだが。

結婚が法律婚だけではなく、事実婚とか一定期間一緒に暮らす同棲などルーズな形が許容されていたり、結婚と子どもを生むことが分離独立していたりしたら、若年女性は結婚に対してもっと楽な気分で向き合えるだろうし、その中で意識もずっと変わるのではないか。このように言えば、そんな誇大妄想的でふざけたな話はない、結婚と子どもを生むことはセットに決まっているじゃないか、切り離すなんてありえないと一蹴されるに違いない。しかし、荒唐無稽と思われるような方法を考えない限り、この国で生涯未婚率が下がることはないだろうし、少子化にも歯止めはかからないだろう。そして、いろいろな方法を考えることを、妄想だと言って切り捨ててはいけない。

あるフランス人女性から次の言葉を聞いた。

「なぜ日本の女の人は、あんなに高学歴なのに行き着くところがみんな結婚するかしないか、なぜ人生の選択肢がこの一つしかないのですか？」

フランス人から見たら、日本女性はあれこれ好きなことをやり続けても、結婚となればそれらを捨てて家事、育児に専念する、それがとても不自由に見えるというのだ。実際、フランスの若年女性の生き方は「それぞれ」である。学生時代から同棲する人も多く、それなりの仲になったカップルでもお互いの仕事や生活を尊重する。彼が海外赴任になっても必ずしも同行しないで、それぞれの気持ちを率直に出して話し合う。今回は彼を優先するから次は彼女の都合を聞くというふうにする。子どもが一人くらいできても法律婚はしない人、パックス（ＰＡＣＳ市民連帯協約。結婚より制約が少ない結婚）を選ぶ人、やっぱり法律婚をする人などなどである。

２００年後に実現したフーリエ理論

フランスの実情を聞きながら、私はフーリエの理論を思い出した。フーリエとは「空想的社会主義者」と呼ばれたフランスのシャルル・フーリエ（Charles Fourier １７７２〜１８５８）のことである。フーリエ理論は「子供っぽい頭脳」「白痴」、あるいは名前の綴りから「狂気」とさえいわれ、多くの著書を残しながら生前は正当な評価をされなかった。彼の著作に『四運動の理論』というものがあるが、そこに「男女関係の経済学」と呼ぶべき記述がある。それを見たとき２００年前「白痴」「狂気」呼ばわりされた彼の理論がそのまま今日、フランスの若者の間で実践されているのではないかと思った。

石井洋二郎の解説によると、「男女関係の経済学」は次のようだ。[i]

異性間の結合方式として「馴染みの仲」「子持ちの仲」「夫婦の仲」という三つの段階に分ける。これはいわば男女関係の経済学とでもいうべき組み立て方だ。三つの段階を区別するのはもっぱら子どもの数で、子どもがいない段階が「馴染みの仲」、子どもが一人だけいる段階が「子持ちの仲」、そして子どもが２人以上いるのが「夫婦の仲」と呼ばれる。面白いのは男女双方がそれぞれ「馴染みの仲」の段階では、異性を２人ずつ持つことができるとされていることだ。それは同棲していて一定の資格を有している者でもいいし、単に性的関係にあるだけで法律的には何の資格を有していない者でもいい。つまりまだ子どもを持たない段階では複数のパートナーを同時に持つことが公認されるのだが、そのいずれかとの間に子どもができてしまった場合にも、「子持ちの仲」の段階に進むかどうかは本人の意思次第であり、相手に不満がある場合にはその資格をたがいに拒否することができる……。

フーリエによれば、一夫一婦制による単婚は嫉妬や憎悪、軽蔑、背信を発生させる、だがこの方式なら一夫一婦制で発生する偽善を完璧に予防できるとし、だまされたと思う結婚を防ぐことができるというのだ。男女は恋愛の段階を何年もかけてゆっくりたどって進む。またひとりきりの妻の不妊のために子どもが作れないといった心配もないという。

制度を現実生活に合わせる

このフーリエ理論を聞いたら、多くの人は笑うかもしれないし、怒る人もいるだろう。「それはフランスの話でしょ、ここは日本だから事情が違うね」「不倫や浮気を公然と認めることじゃないか。風紀や倫理が乱れるのを奨励するなんてありえない」「だいいち『馴染みの仲』の段階で、男女双方で異性を2人ずつ持つことができるとしたら様々なトラブルやリスク、不都合があるに決まっている」と考えるだろう。しかし、若者が結婚前に何人かの異性と付き合うのは当たり前のことで、2人まで付き合うことができるとみんなが了解していたら、二股、三角関係、嫉妬といったトラブルや感情を吸収、解消できるだろう。

今の日本ではフーリエ流の「子持ちの仲」は認めていない。つまり死別や離婚のように結婚制度で生んだ子どもはいいが、未婚のまま生んだ子は差別されている。法律結婚の中での出産にとてもこだわっているからだ。だから、未婚ママになると寡婦控除が受けられない上、養育費も受け取れず貧困になる。差別を受けないために気持ちの問題はさておき、ほとんどは「できちゃった婚」をする。もちろん、未婚ママを選択せざるを得ない人だっている。この場合、「結婚して養ってくれない身勝手な男に騙され捨てられた哀れな女」という悲しい結末を作る。しかし、考えてみれば今どき結婚前の性行為は当たり前で、「結婚するまでは清らかに」などといったらみんな笑うだろう。性行為とは生殖行為だ。つまり一定年齢にとっては妊娠を前提とした行為だ。にもかかわらず法律上は結婚制度の中でだけしか子どもが生めない、つまり生物学的に承認しておきながら、社会学的には子どもを作ってはいけない仕組みになっている。女性のライフコースや意識がこんなにも変わっているのに、それと制度との整合性がないのである。

〈嫡出でない子の出生数及び割合〉という興味深い資料がある。(図表9)これを見ると戦前、1925年の婚外子率は7%代で現在の3倍以上だ。高度経済成長期の1970年代はもっとも低く、現在はやや上昇している。この数値から次のことが推測される。つまり経済成長とは厳格な一夫一婦制に基づいた家族によって支えられており、経済成長が低調な時代には一夫一婦制も緩やかで婚外子の割合も増える、言い換えるなら婚外子への偏見が薄らぐのは低成長時代ではないかということだ。

私には娘がいて、彼女はフランスで8年間暮らした。彼女にフーリエ理論を話してみたら、フランスの若者はほぼこの理論を実践していると答えた。つまり結婚へのプロセスに8〜10年かけているというのだ。このフーリエ理論がすぐれていると思うのは、制度を人間感情と生活実態に合わせるよう考案した点だ。日本では、入籍→同居→出産→妻が家庭に入るというカタチに入る結婚、家庭がやはりメジャーだが、これにこだわらない人も増えている。結婚が幸せをもたらす装置であるとして、それはもはや「正社員と主婦のカップル」というようにカタチを整えることが優先される時代ではなくなっているということだ。カタチを重視すれば子どもは夫婦の緩衝剤になりがちで、子どもがいなくなった時、夫婦の関係でうまくいかないことが先鋭化してしまうこともある。カタチが先にあるので

図表９　嫡出でない子の出生数及び割合

年次	嫡出でない子	割合（％）	年次	嫡出でない子	割合（％）	年次	嫡出でない子	割合（％）
1925	151,448	7.26	1965	17,452	0.96	1986	13,398	0.97
1930	134,221	6.44	1966	15,523	1.14	1987	13,138	0.98
1940	86,820	4.10	1967	16,977	0.88	1988	13,324	1.01
1947	101,580	3.79	1968	17,999	0.96	1989	12,826	1.03
1948	84,661	3.16	1969	17,510	0.93	1990	13,039	1.07
1949	71,489	2.65	1970	17,982	0.93	1991	13,592	1.11
1950	57,789	2.47	1971	17,278	0.86	1992	13,738	1.14
1951	46,859	2.19	1972	17,724	0.87	1993	13,665	1.15
1952	39,622	1.98	1973	17,730	0.85	1994	14,716	1.19
1953	35,036	1.88	1974	16,547	0.82	1995	14,718	1.24
1954	30,899	1.75	1975	15,266	0.80	1996	15,453	1.28
1955	29,018	1.68	1976	14,207	0.78	1997	16,659	1.40
1956	25,895	1.55	1977	13,812	0.79	1998	17,204	1.43
1957	23,429	1.50	1978	13,164	0.77	1999	18,280	1.55
1958	23,051	1.39	1979	12,857	0.78	2000	19,436	1.63
1959	21,649	1.33	1980	12,548	0.80	2001	20,369	1.74
1960	19,612	1.22	1981	13,201	0.86	2002	21,631	1.87
1961	18,438	1.16	1982	13,076	0.86	2003	21,634	1.93
1962	17,962	1.11	1983	13,862	0.92	2004	22,156	1.99
1963	17,427	1.05	1984	14,747	0.99	2005	21,533	2.03
1964	17,229	1.00	1985	14,168	0.99	2006	23,025	2.11

※厚生労働省統計情報部『人口動態統計』による。1947 〜 72 年は沖縄県を含まない。割合は，出生総数に対するもの。

はなく、まず生活を共にする、そのために生活感覚や感情が共有できるかを重視しているのがフーリエ理論だと思う。

では、生活感覚や感情の重視とはどのようなことだろうか。

例えば親密な人間関係ほど相手の「臭い」が気になるということがある。近い人の身体からは「いやな臭い」がするから愛せない、近い人を愛するにはその「悪臭」を消すのではなく「いやな臭い」ごと愛することだといわれる。あるいはまた「人と一緒にいるのは苦痛だ、一人になれる時間と空間が欲しい」と若年女性は（男性も）言いはじめている。だとしたら、このような感覚を吸収できる結婚はあるのか問うていく必要がある。また、一緒に暮らしている以上「ここだけはわかってほしい」ことがある。「ここ」がわかってもらえないと一緒にいるのが苦痛になる。つまり共に暮らす場合、感覚や感情から入らないと共感できないし、共感できないと〈幸せ〉とは感じられない、そういうことである。

日本は、家父長的結婚制度に基づく標準家族に若者が合わせてきた社会だといえるだろう。しかし、それはいまやサイズが違う服に無理やり体をおしこめるようなものになっている。「夫婦と子ども」という一つだけの服でなく、複数の大人が子どもを育てる、夫婦だけで暮らす、一人で子どもを育てる、そして一人でずっと暮らすなどいくつものサイズの服があって、自分の身の丈に合ったものを選べるようにする時期に来ている。

フランス人は、このフーリエ理論に２００年という歳月をかけてゆっくりゆっくり取り込まれ、浸食され、結婚や男女関係に対する考えや感性を根底から変質させていったのではないだろうか。その結果が半数を超える非嫡出子だが、合計特殊出生率は堂々の２・０だ。フランスのような状態を進化と呼ぶなら、進化は冷静で客観的な「科学」だけによるものではない。フランス文学者である石井洋二郎の言葉を借りるなら「それと同時並行的に、ともすると不合理な偏見や無謀な逸脱へと横滑りし、時には狂気と境を接するに至るかもしれない『空想』への熱くやみがたい憧憬がなければ、世界は耐え難いまでに退屈で平板なものになってしまうだろう」ということだ。

結婚制度がそんなにうまい具合に変えられるわけがないかもしれないが、不可能と思われること、愚かしいことを承知で過ちを犯すことなしに、若者がこれならしてみたいという結婚のあり方は造り出せないだろう。

2、女性が素直に結婚しなくなっている

おとなしい女

本書でいう「25パーセントの女たち」が社会で顕在化したのは、2000年代以降である。もちろん、彼女たちはこの年代に突然現れたわけではない。もともと多数派の女性は結婚した。思うに、結婚する女性は、例外はあるものの基本的には「おとなしい女」である。「おとなしい女」とは、女性にとって共通の〈理想形〉としての〈母なる女〉という意味である。自分はこうしたい、ああしたいなどわがままは言わず、自己犠牲を犠牲と思わず、献身的に家族のために何の要求もせず、何の打算も

なく看護婦や家政婦のように働く女性である。母性的要素を内面化させ、そのような振る舞いが自然にできる人ともいえる。そうすることで一人前の女性と認められ、家庭という生活基盤を築き、生きていく人たちである。「25パーセントの女たち」は、この「おとなしい女」から分離独立してきた女性である。

「おとなしい女」は明治期の教育と家制度のなか、国家政策として作られた向きは強い。

私の母方の祖母は１９０４年だから、日露戦争の時の生まれだった。１９８４年、80歳で亡くなっている。祖母は「駅から自分の家まで他人の地所を踏まないで行ける」ほどの資産家の長女だったから、寄宿舎つきの高等女学校を出ていて、それを誇りにしていた。長女だったため広い土地や田畑を持参して、婿養子を取ったのだが、婿の顔は結婚後初めて見たという。その後私の母をかしらに８人の子どもをもうけ、戦中戦後の生活苦はあったものの、平穏な人生を送ってきた、少なくとも私の眼にはそのように映っていた。

祖母が77、８歳くらいの時だったと思う（私は30歳を超えていた）、どのような経緯があったか忘れたが、めったに会わない祖母が私に向かって溜息交じりにボソリとこう言った。

「わたしゃ、おじいさん（祖母の夫）と離縁したいよ……」

たくさんの孫やひ孫に囲まれてすっかり幸せだと思われる、人生も終盤を迎えた人の言葉に私はすっかり驚いた。ただ、祖母の心の内をしっかりとみてしまった気がした。

祖母よりも遅れること半世紀に私は生まれ、戦後民主主義教育というものを受けて大学に行き、高校教員として稼ぎもあったし、夫の一存で決まる人生などではなかった。時代も社会も状況も全く違う、にもかかわらず祖母のその一言が理屈抜きでよくわかる、そういう驚きだった。

私が漏れ聞いた話では、祖母が持参した広い土地は婿である夫の手に渡って管理され、いつの間にかすっかり人手に渡ってしまった。博打が元だという話も聞いた。長子（私の母）は祖母が22歳の時、8人目となる末子は42歳の時に生んだ。末っ子が生まれて2年後に初孫、つまり私の姉が生まれているから、彼女は2歳になる自分の子をあやしながら生まれたばかりの孫を見たことになる。8番目の子は高校卒業とともに東京の土建会社に就職していった。それが１９６４年のことだから、祖母は20年間というものお腹がカラな時が少ないほど次々に身ごもり、40年間を子育てに費やした（うち一人は養子に出した）。一方夫（祖父）は勤め人を辞め、ウズラやカナリアを飼ってその卵や雛を売る商売をした。土地の管理も子沢山も商売替えもすべて夫の一存で決まった。そういうなかで夫に言いたいことの一言半句も言わず、献身と自己犠牲をやむなく続けてきた。言いたいことが言えなかった長い年月は、彼女に鬱屈した思いを溜めこませるには十分だった。彼女の気持ちの中にはずっと、夫に支配されているという憎悪のようなものがとぐろを巻いていたのだと思う。そういう祖母の心象風景がその時の一言でぱっと見えたのだった。

私の身近にいたもう一人の「おとなしい女」が姑、つまり私の夫の母親である。彼女は大正元年（１９１２年）生まれで、85歳で亡くなっている。戦前に一度結婚しているが、兵隊だった先夫は娘を一人残しフィリピン海上で戦死した。姑は自力で食べていくため幼い娘を連れて働かざるを得なかった。終戦後は戦地から引き揚げてきた独身の兵隊たちの衣、食、住の世話をするいわゆる賄い婦をしていたという。その中に中国、フィリピンを7年ほど転戦して帰国した元兵隊がいた。彼の食事を作ったりしているうちに馴染みの仲になりやがて結婚した。この元兵隊が夫の父親、つまり舅である。彼女は先夫の娘を連れて再婚したが、元兵隊の夫は年下で初婚だった。彼は子煩悩な温かい人だった。

ただ、今と違って「子連れで再婚、姉さん女房」は肩身が狭かったかもしれない。私の夫をはじめ4人の子を生んだ（うち一人は夭折している）。長男である私の夫と連れ子の姉とは10歳違いで、この姉は次々に生まれた弟妹のおむつ洗いをしたという。私が初めて姑と出会ったとき、彼女はすでに60半ばだった。初婚からおよそ40年間、彼女は生きるために結婚し、夫の意見に逆らうことなく自分を主張することなく子どもを生み育て、家事に専念してきた。

明治生まれの世代から連なる「おとなしい女」の従順さは、大正生まれの女も昭和の初期も、戦後団塊の世代もそれぞれの内心がどのようであるか、どのような家族を形成したかなどにかかわりなく共通したものである。そして今も、私の回りに「おとなしい女」に該当する人はたくさんいる。

私は週に一度、ある体操教室に通っている。生徒は全員年配女性で、夫は定年退職した人が多い。教室が終わると、夫の昼食の支度のため急いで帰る人もいるし、出てくるときすでに昼食を作ってくる人もいる。「ご飯もスープもおかずも器に盛って、全部食べるばかりにして出てくるのよ」というのだが、彼女たちはそういった行き届いた献身と自己犠牲を、当たり前の仕事と心得ている。もちろん夫に憎悪など抱いていない人だって多い。彼女たちのほとんどは、結婚とともに続けてきた献身と自己犠牲をこれからも末永くやるだろうが、私の祖母と少しだけ違う。それは新しい民法のもと〈民主的〉といわれる社会を生き、顔を見たこともない人と結婚するようなことなどない〈民主的〉といわれる家族を作ってきた点だ。〈民主的〉だから自分が「おとなしい女」であるとは誰も自覚しえないのである。

おとなしい女の変容

「おとなしい女」は今も日本女性の多数を占める。が、それも変容している。変容した事例として私自身を挙げなくてはならない。

私は舅、姑と18年間同居し、ヨメという名の「おとなしい女」をやってきた。それもこれも共働きを通したいからだった。朝、7時半には出勤しなければいけないのに保育園は8時すぎなくてははじまらない。帰りは6時を回るのに保育園は5時前に終了する。子どもが熱を出したり、風邪をひいたりなどすることもある。これらをクリアするための二次保育者確保としての舅、姑との同居だった。そういった〈実利〉がなかったら同居は躊躇したに違いない。

その当時、私が結婚した地方では、冠婚葬祭で集まりがあると男性と女性の食事する場所も食事内容も別々で（お酒が出るのは男性側だけ）女性はお給仕とお酌係り、男性は飲む係りという具合で、その風潮は家庭内にも持ち込まれた。同居によって舅は〈家長〉に、夫は〈跡取り〉に、その下に姑とヨメが控える形が出来上がった。舅や夫は同居を望んだが、姑とヨメ（私）は望んだわけではない。もっとも、舅も夫も私たちをいじめようなどと画策したのではない。にもかかわらず、男が率先して望むこの体制は女を抑圧する因習に従うことだが、彼らは姑やヨメがいやな思いをするという認識がまるでなく、二世帯同居という形に入ることで満足するだけの無邪気なものだった。日本社会の因習は男性に生きやすく、女性に生きづらく作られている。少なくとも私は姑と一緒に暮らしてそれがよくわかってきた。二世帯同居で起きるヨメ、姑の争いというのは、男にとって都合のよいことがヨメと姑にとっては居心地の悪いようにできていることで起き、女同士仲たがいする羽目になってしまう。

娘が小学校の頃、同じＰＴＡの役員をしていたお母さん仲間から聞いた話がある。彼女もまた舅、姑と同居していた。その地域では毎年夏に独特のお祭りをやる。その夜は親戚、知人20〜30人近くを招いて宴会を催す。彼女の夫と舅はずっと酒席に座り接待をするが、彼女と姑は裏方で料理全般と片づけを担当する。料理はどのようなメニューをどのくらい作るか、味付けはどのようにするか、器はどれにするか、食材費はどうするかなどなどを二人で決めていく。が、料理の味付けも好みの器も得意料理も、そして金銭感覚も年齢と成育歴が違えば全く食い違ってしまう。要するに夫と舅の快適な接待は、二人の葛藤や確執を生みだすことになる。彼女の例は私にも当てはまるのだが、仲たがいのもとは姑とヨメが悪いからではない。いつの間にかそう仕向けられてしまうのだ。

お金を稼ぎたいという一念（それをエゴイズムといってしまえばいえるのだが）で、私は子育てが終わるまで同居を決め、世間的に「おとなしい女」でいた。18年間というもの外見はヨメを装い、内心はヨメであることに反抗していた。

友人の44歳の和子さん（仮称）は母親がすでに団塊の世代の人で、90年代に20歳代を過ごしている。彼女もまた「おとなしい女」だが、話を聞くうちに気持ちの上では私の妹であることがわかった。つまり自分が「おとなしい女」であることに疑問と反発の気持ちを持っているのだ。

和子さんは女性だけで切り盛りする生花店で働いている。中学生の女の子２人と夫の４人家族、夫は車のエンジニアで、技術指導など海外出張が多い。仕事のほかはバイクと釣りが趣味の人だ。実家はいくつもの借家を持っていて、一家はそのうちの１軒に住んでいるから家賃は不要、生活上何の苦労もないと思われる人だ。25歳の時、友だちの紹介で結婚した。

「当時は結婚すればそれで将来はバラ色だって信じていました。生涯愛し合うこと、それを誓うことで夫婦も家族もゆるぎなく続くんだってどこかで信じていましたから。20年後のいま、このような気持ちや状況になるなんて全く考えていませんでした」

和子さんは20年後が見えていなかったから、結婚して子どもができたら家庭に入って育てるイメージしかなかったという。そしてその通りやってきた。子どもが生まれたばかりのころは育児書通りに育てなければいけないと思い、赤ちゃん用の体重計も買ってミルクを飲んだ後どのくらい体重が増えたかを測り、一喜一憂していたという。

普通に会話をしていたら、何の心配もなく幸せな家庭の主婦として暮らしているように見える。が、ちょっとした会話がきっかけで「そんな生活も長く続かなくって、結婚ってなんだろうと思うようになりました。この先どうなるか、とても不安なんです」と洩らした。いったい何が不安なのだろう。

「子どもが高校や大学に無事行けるかどうか、就職がうまくいくか、そこまで行くのにお金が続くか心配です。それから老後まで自分はちゃんとやっていけるかということも。それよりなにより子どもが育って家から出て行ったあと、夫と二人きりの暮らしにいずれはなる、そのことを考えるとぞっとします。夫が帰宅すると家の中の空気の流れが変わるんです。なぜでしょうね。食事とか身の回りのこととかに、無意識のうちに気を使ってすべてうまくいくようにやっている私がいるんです。そういう自分にストレスを感じるんです。もちろん私が気を使っていることに夫は気が付かなくて、食事は自然に出てくるものだと受け止めているんです。離婚することはないと思うけど、もししても再婚は絶対にしません」

和子さんは20年後が見えなかったからこそ「幸せ」な結婚ができた。が、彼女は「おとなしい女」になりきれなかった。というのも「おとなしい女」はその眼や関心が自分よりも外に向かっていている、まず子どもや夫、両親が健やかであるかどうかを気遣うのだ。が、和子さんの眼は外側、家族に向いてはいるものの、関心が自分自身の内面にも向かっている。この先自分はどうなるのか、どうしたらよいのかを考えている。彼女が抱く夫との確執や違和感は、欲得や打算なしに夫を受容し献身的になることができない自分を発見しているから起きるのだ。夫に尽くし気遣うのが身についているのだが、そういう自分を不満に思い、尽くされることに慣れきっている夫を嫌悪している。

考えてみれば「おとなしい女」は日本に限らず多くの先進国で社会が近代化し、工業化し、資本主義が発展する過程で、家族、家庭を築き守る大事な存在だった。そういう女が求められたからである。近代化とともに経済の発展、私的企業の利益が追及され、そういう企業が増えれば国は強固になり、公共の福祉も整う、それが合理的有益性であると信じられていた。もちろんこの風潮は今も続いていて、むしろ強まっている。男は家族の生存のために労働者となり、資本に搾取されていった。近代家族とはそのような男を慰労し、家族のエゴイズムを吸収し、世間の荒波から子どもを守る砦であった。この砦の精神的物質的中心にいたのが家族を温かく包む「おとなしい女」である母や妻、ヨメだった。彼女たちがいたからこそ家族は分解せずに家族としての機能と体裁を保つことができ、経済成長を達成できた。

ポストモダンといわれ、低成長になったとき多くの先進国の女性は「おとなしい女」であることをやめた。近代家族に支えられて経済が発展する時代は終わるとともに、彼女たちの役目も終わったからだ。と同時に女がおとなしくしていれば黙ってご飯が食べられる時代ではなくなった、つまり女も経済活動に参入していくのが当然になったのである。

２０１２年12月、大韓民国は大統領に与党セヌリ党の女性を選んでいる。朴槿恵氏は元大統領の長女だから当選したという説もあるが、民間シンクタンクは「女性大統領なら性差のない平等な社会づくりを目指すと有権者が考えるからだ。韓国社会はかつて言われた男尊女卑傾向は弱まっている（東京新聞）」と分析している。英国、ドイツはすでに女性の首相、大統領を選んでいるし、アメリカですら次期大統領は非白人あるいは女性の可能性が強いと論評されている。そのような国のなかで、日本はまだ女性自身が「おとなしい女」でありたいと願い、世の中も「おとなしい女」を必要と考え、それでこの先もずっとうまくいくという幻想を抱く希少な国である。

が、なかには和子さんのように「おとなしい女」としてずっとやってきたものの、低成長の時代に遭遇し、このままではダメなんじゃないかと思いはじめた女性もいる。彼女たちはうっすらとかもしれないが次のように考えている。

——低成長の時代になった今そんなにお金は稼げない。ということはそんなにバリバリ働けないし、働く必要がないということだ。女性もこれまでのように家族や男性を支えるだけではやっていけない。いつまでも「おとなしい女」でいたらこの先私はダメになってしまう。これからはもっと自分のことを考え、自分のために何かするようにしなければいけないのだ——

「おとなしい女」から「自分のことを考える女」にならなくてはいけない、だけどいったい何をどのようにしたらいいのだろうか、そういう思いが和子さんの抱く不安である。

「結婚したい、だけどもしたくない」

和子さんよりももっと「おとなしい女」になれないのが、本書でいう「25パーセントの女たち」である。彼女たちは70年代終わりから80年代にかけて生まれ、現在25歳から30代後半ぐらいまでの人だ。もちろん、「25パーセントの女たち」すべてが結婚とキャリアについて同じ思いを抱いているわけでなく、結婚に関しては「どうしても結婚したい」「結婚したい、だけどもしたくない」「したくない」というようにおよそ三つに分かれる。このうちで特徴的で悩ましい思いを持つのが二つ目の「結婚したい、だけどもしたくない」という女性だ。彼女たちもまた一枚岩でなく、「結婚したら仕事をやめて家事と子育てをしたい」というように、従来型のライフコースを想定している人が多い。が、その気持ちはアンビバレントだ。

得意の中国語を活用した仕事をしている廣子さん（35歳）は次のように話してくれた。

好きない人と結婚して家庭を作りたいし、子どもを生みたい。老後を一緒に過ごす人が欲しいです。だから結婚できた人がうらやましい。結婚して経済的に安定したいし、親を安心させたいと思います。今は結婚していないことが引け目だし、結婚へのプレッシャーがあります。これから解放されて楽になりたいという気持ちもあります。結婚するのは特別なことじゃなく、人生でこなす普通のイベントだとも思います。というよりも結婚には幸せなイメージがあります。大変だけど、喜びも悲しみも二人で乗り越えられるようなイメージです。子どもができたら家庭に入って、小さいうちは子どもと接していたい……。

だけど現実的には30半ばになっているいまでは子どもは難しいかもしれない。それに結婚してもいいと思うほど好きな人が現れそうもないです。若いころのような勢いで恋愛できないし、傷つきたくないのです。今いる実家は居心地がいいし、結婚で生活レベルを落とすのはイヤです。結婚したまわりの友達から「共働きなのに家事は私だけがやっている」という愚痴や不満ばかりを聞くし、話題は全部子どものことと夫の愚痴だ。そういう友だちに限って「あなたも早く結婚しなさい」と勧められます。身近な両親の結婚も幸せそうには見えないのです。

これに対して結婚後もずっと仕事を続けたいというライフコースを描く女性もいる。そのうちの一人外資系企業に勤める彩子さん（36歳）は次のように話す。

私の場合、結婚は子どもが生まれても今の仕事をずっと続け、自分のやってきたことを続けられることが条件です。もし結婚や出産で辞めるとしたら、これまで一生懸命やってきたことがみんな無駄になって、自分というものがなんだかわからなくなるからです。でもそうすると、住むところを結婚相手の勤務地に合わせられないかもしれない。勤務時間や休みの日も合わせられないかもしれない。ニュースを見ると、子どもが生まれてから保育所探しをするのでは遅すぎるらしいので、保育所も考えておかなくてはいけないですよね。今の会社は出産のときちゃんと休めて元の職場に復帰できるのか、疑問です。育休で休んでも、復帰したら机がなかったなんていう話を聞くと、不安になります。仕事をずっと続けられて、育児休業があって、そのあとちゃんと復帰できる職場なんてあるんでしょうか。子育てや家事を平等にやってくれる夫でないととても仕事は続けられないけど、そんな相手が本当にいるんでしょうか。

子ども一人生んだら最低10年はかかりきりになるって聞きました。子どもができたらお金もかかる。これからは正社員の男性と結婚しても、共働きでないと子どもの学費は賄えないし、暮らしていけないでしょ。40過ぎた女の仕事はパートしかないから、1か月働いても給料は7～8万円くらいです。年金だって、ちゃんとないと思う。20年後にそうなるんだとしたら、何のための結婚なんだろうと思います。仕事もして子どもも生んで、というのはやっぱりわがままなんでしょうか。

だけど結婚しない女性に対する世間の風当たりは強いです。「若いうちはいいけれどこの先ずっと一人でやっていけるの？　年をとったとき寂しいわよ」なんていわれると、とても不安になります。やっぱり一人じゃ弱いし、何もできないかもしれない。社会を乗り切っていくには心もとない。生涯一緒に生きていく人は大切だと思うから、結婚はしたほうがいいのかなと思います。

結婚に関するこのような屈折した思いを、30数年前の人は（私もそうだが）抱くことがなかった。というより大卒で十分就職できたし、学生のうちに出産する人もいたし、婚約する人もいた（つまり大卒とは花嫁道具だった）。就職しても25歳前に結婚、出産となったから、教員か公務員以外はほとんど主婦になった。そんな若年女性が海外への一人旅はもちろん、留学、大学院、専門学校などに進むことはほとんどありえなかったし、そんな夢を持つ人もいなかった。20歳過ぎたら結婚あるのみだったから、結婚したいとかしたくないとかで悩むことはなかった。

それから30数年後、若年女性の生き方は大きく変わった。「この変化の中で彼女たちはいったいどのような思いを抱いているのだろうか」、この疑問が芽生えたのは２０００年代のはじめで、それは徐々に私の中で膨らんでいった。その後この疑問を解くためにかつての教え子や周囲にいるできる限りの若年女性に話を聞いてきた（話しを聞いた結果が、本書を書く動機になったのである）。

私が話を聞いた未婚女性の全員が大学卒だった。学部での語学に加えて語学学校でスキルアップしそれを使って仕事をしているとか、学部とは違う心理学の大学院に進み障害児支援の仕事に就いている人、というように高学歴者が多かった。能力も向学心もあってそこで得た力を発揮し、親も娘に期待しやりたいことをやるよう援助する、そういう背景が浮かんでくる。女性にとって30年前よりもずっとずっと豊かで、差別も苦労もないと思えるいい時代になっている。しかし、20代女性の自殺率の高さや生涯未婚率の高さ、そして「結婚したい、だけどもしたくない（できない）」という〈悩み〉を聞くと、手放しで「いい時代」になったとはどうしても思えないのである。女性がやりがいを求めて努力し、勉強した結果、想像していなかったエンドレスな〈悩み〉に出会ってしまったといえるのかもしれない。この悩みを意識している人もいるが、無意識の人も多い。が、エンドレスの〈悩み〉は「25パーセントの女たち」に共通するものだと思う。この悩みの根底に、本章の第1節で触れた、あのフランス人の言葉、「なぜ日本の女性は人生の選択肢が結婚しかないのですか」がある。

3、男、社会、そして自分とのミスマッチ

「女性の進化」と「男の沽券」

若年女性の状況は30年前とずいぶん変わった。それは変化というより「進化」と呼んだほうがふさわしい。

「進化」の一つは高学歴化だ。女性の短大、4年制大学進学率をみると1970年は17・7%だったのが2005年には49・8%になっている(図表4、15ページ参照)。さらに2013年だと55・2%と3倍に増加している。二つ目にこれと比例するように生涯未婚率が80年は4・4%だったが、2010年は10・6%で倍以上というように劇的に上昇している。三つ目に30数年前、女性の就活など存在しなかった。が、学歴が上がり、いろいろなことに挑戦する女性が増え、自分の納得のいくキャリアを積み上げ仕事を頑張るようになった、だから結婚が先延ばしにされるようになった。これらを「女性の進化」と呼ぶことにしたい。この状態を「自分探し」「自分磨き」と規定しながらが、自分をなんとかしたいと一途に努力する女性を何人も知っている。その一方で「進化」を通り越した事態も起きている。今日では女子学生といえども「4年間すべてが就活に向けて組織化させているという感じがある(大内裕和『現代思想』2013年4月号)」からだ。会社に気にいられるような化粧や髪形で面接に臨み、内定が取れないと「自分がダメだったからだ」と思い込んだりする。就活に関する過酷さは男女とも変わらない。

ともあれ「女性は進化」し、それは若年女性の生き方を変えた。と同時に生きていくうえでいくつかの生きづらさを発生させた。若年女性の生きづらさは次の三つの側面がある。

一つ目は、「進化」によって女性と男性のライフコースがうまくマッチングしなくなっていることだ。父や母の世代であれば、女性は「学卒→OLとして就職→結婚、退職→家族形成」というライフコースが定番で、男性は「学卒→終身雇用」だったから、結婚によって主婦と正社員カップルとしてうまくいっていた。

一方現在はというと、若年男性の場合は依然として「学卒→就活、雇用→キャリア形成」というようにライフコースは父世代と変わっていない。が、若年女性はこの先に「キャリア継続↓結婚↓出産、育児↓家族形成」というライフコースが待ち受けていて、これをどうクリアするかが問われるようになった。就活の過酷さと雇用の劣化は男女問わず起きている。ところが女性だけが、結婚と同時にキャリアと雇用継続、そして出産、育児について悩むようになっているのだ。以前から、結婚したらキャリアと雇用継続、出産、育児をどうしようかという問題は女性にあり続けた。男性は考えなくてよい問題で、「あなたの問題だから自分で考えて決めてね」という態度でよかった。対する女性は自分の個性、適性、能力を生かした仕事探し、就職まではすすんでも、そのあとの結婚や家族形成にうまくつながらない。「女性の進化」によってこの問題はさらに深刻になった。

先に述べたように、若年男性が結婚しない／できない理由は単純だ。非正規労働、収入が３００万円に届かないという理由で「養えない」ことが最も大きい。実際、30～34歳のおよそ7割は年収３００万円未満、35～39歳だと半数が該当する、というように現実はシビアである。日本型雇用は「男性が養う」という従来の結婚と深く結びついていた。だから解決策は、可能かどうかは別として経済が再び回復し「養える」収入、正社員の座を獲得するしかなく、そうすれば既婚者は増えることになる。これに対して女性が結婚に際して抱える問題は、正社員になって年収が増えればよいということより、キャリアを生かしながらどのようにしたら子を生み、育て、家庭形成できるかということだ。

しかし女性のこの悩みはもはや「女性特有の問題」として、女性だけが考える時代ではなくなっている。女性だけが悩む問題にすると、男性は相変わらず家族を養う収入と正社員にこだわるしかない。「男は養うもの」という「男の沽券」はいまだに健在だが、「そもそも、すべての男性被雇用者が『男性稼ぎ主』たりえる所得水準に達した時期は、バブル時代を含めて実在しない（朝日新聞「論壇・時評」）。つまり「男性が養う」は幻想であり観念的な「沽券」でしかない。ライフコースを巡るこの解決策は、小さな改善でしかないかもしれないが「女の進化」という現実を男女でリアルに見ること、彼女が持つこの悩みを自分（男性）の悩みとして悩むことからはじめるしかないのではないか。それが〈幸せな〉関係につながる方法なのではないだろうか。

不寛容な社会とサイレントな女性

「進化」によってうまくいかなくなっていることの二つめは、「進化」した彼女たちを受け入れる受け皿としての社会環境の不備である。人間が進化したらそれに伴って社会も変わる必要がある。ところが、社会はほとんど変わらず、進化した女性を受け入れるようになっていない。

若年女性には二つのタイプがあって、一つは仕事をしていても結婚、育児でやめてその後復帰したいというライフコースを望む人だ。ただ、学歴やキャリア形成に8～10年をかけるようになっているから、仕事も「腰掛」程度ではなくなっている。が、このライフコースだと何年間かの子育期間というブランクののちの復帰だから、キャリアやライセンスが使える場合もあるが、使えない場合も多いのが問題だ。また、結婚によって資格やキャリアを使わなくなる、使えなくなるというリスクがある。女性のせっかくの人的資源を埋もれさせる。実にもったいないことだが、これもあまり変わっていない。

もう一つのタイプは結婚後も仕事をつづけ、共働きをしたいという女性である。これには育休制度、保育所確保、子育て支援の施策などが必要だが、これらの社会整備が進んでいないのも相変わらずだ。

保育所の待機児童の多さはかつてよりも深刻かもしれない。雇用の劣化は男女問わず進んでいるから、女性が仕事と家庭を両立させるのが非現実的なほどで、これもかつてより深刻かもしれない。この国の社会構造や雇用慣行、出産、育児の環境は進化した女性を受け入れ、活用するといった寛容さがない。「女性の活用」と言いつつ、「活用」したい女性の出産、子育てを阻害している。

自分のキャリアを生かして働きたい、結婚もしたいと思う女性は、もっと社会に怒りを覚えてもいいのではないか。だが、不思議なことに彼女たちは世の中に向かって不平不満をぶつけたり文句を言ったりしない。存在自体をアピールすることもない、サイレントな存在であり続けている。不思議に思っていた私は、ある時思い切って親しい未婚女性（32歳）に聞いてみた。彼女は「そういうことを考えたことはありません。何年後にはこうなるなどと考えたことがありません」という拍子抜けするもので、その理由を次のように語った。

「結婚したらどんなふうになるかという話は、大学でもどこでも聞きませんでした。私は大学院に行ってそれを生かした仕事に就くことができたけど、それは両親がやれるところまでやっていいのよ、お金は何とかなるから、とチャンスをくれたし、やれる環境があったからできたのだと思います。資格を取れば無駄にならないし、将来につながると思いました。苦労することなくここまで来たのです。だから先のことは考えなくても何とかなるとどこかで思っているのだと思います」

彼女たちがサイレントでいるのは、差別されることなく不遇をかこつこともなく、したがって闘ったり競争したりする相手がいなかったからではないか。ただ自分のことを見つめていればよかった。

だから彼女たちは自分が「進化」していることに自覚的でないのかもしれない。あるいは動かしがたい社会環境という現実を見たくないし、見ないようにしているのかもしれない。もしかしたら、20代女性の自殺率の高さや生涯未婚率の上昇という現象は彼女たちの無言の抵抗、抗議なのかもしれない。あるいは、10年、20年後の将来を、何の根拠もないのに心のどこかで大丈夫だと思っているのもまた事実かもしれない。

古い意識とのミスマッチ

「進化」によってうまくいかなくなっていることの3つ目は、彼女が自分自身との折り合いをつけられないでいる、あるいはつけるのが難しくなっている点だ。どういうことかというと、現実の自分はどんどん先に行っているのに、自分の内面や結婚の意識は母世代のそれを引き継いでいるというミスマッチがあることだ。

母世代が持つ結婚のカタチは、雇用の劣化とともに解体寸前なのに、それを認められずにいるということもある。また、従来型の結婚のイメージを持っていても、自己犠牲や献身的な女性になって家族の中核を担うのをどこかで拒否している。人間の意識は現実が変化したからといって瞬時に適応できるものではなく、何十年、時には100年単位でゆっくり変わっていくものだ。

20〜29歳までの独身女性の「結婚意識と婚活」というアンケート結果を見ると、8割近くが「結婚を意識している」「少ししている」と答え、結婚を意識している理由で最も多いのは「適齢期を迎えているから」であり、次が「友人や知人が結婚しているから」「20代のうちに結婚したいから」だ。「好きな人と一緒にいたいから」という理由は上位5位に入っていない。また74・6%が「自分はこのまま結婚できないのではないか」と思ったことがあり、その理由として「相手がいないから」「出会いがないから」「一人でいることに慣れてしまったから」と回答している。（図表10、11）これらの結果から感じるのは、結婚について「私はこうしたい」という積極的な思いが伝わってこないことだ。

彼女たちが想い描く結婚とは、往々にして従来型のカタチに入って精神的に安心することではないのだろうか。従来型のカタチとは「小さなドアと大きな窓」のあるマイホームがあって、正社員の「あなた」がいて、「三歳児神話を信じて」子どもを育てる主婦がいるというものだ。

こういった結婚を思い描きながらも、同時にいくつかの矛盾する思いが重なりあって共存している。一人で生きていける経済力をつけるという欲望よりも、マイホームで安楽に、苦労なく暮らしていきたいという思いが根底にある。その一方で「おとなしい女」ではすでになくなっているため、関心が自分の内面に向かい、自分自身をどうにかしたい、自分というものをなくさずに保っていたいとも思っている。結婚しても自負心を持ち、自由な自分として生きたいように生きたいと思っている。自由でいたいというのは、なにかをやり遂げようとか自己実現するとかいう大げさな話ではなくて、自分の誇りを保って暮らしたいというようなものだ。

その一方で結婚が誰かに食べさせてもらうことだとしたら、「そんな不自由になる選択はしたくない、自由でいたい。もっといえば自分にまとわりつく色んな縛りからも自由でいたい」と考えている。そのためには不利益な選択だと言われても、経済基盤を作って自立できるようにしなければいけないのかもしれない、それができるのなら一生独身でもいいと思っているのである。そこには矛盾した声がいくつかあって、内面で闘争、格闘していて、どこまでいっても完結しないかのようである。自分が本当に生きる場所はどこかを決めることができず、ある種の精神的危機感すら覚えることもある。

図表10「今、結婚を意識しているか」

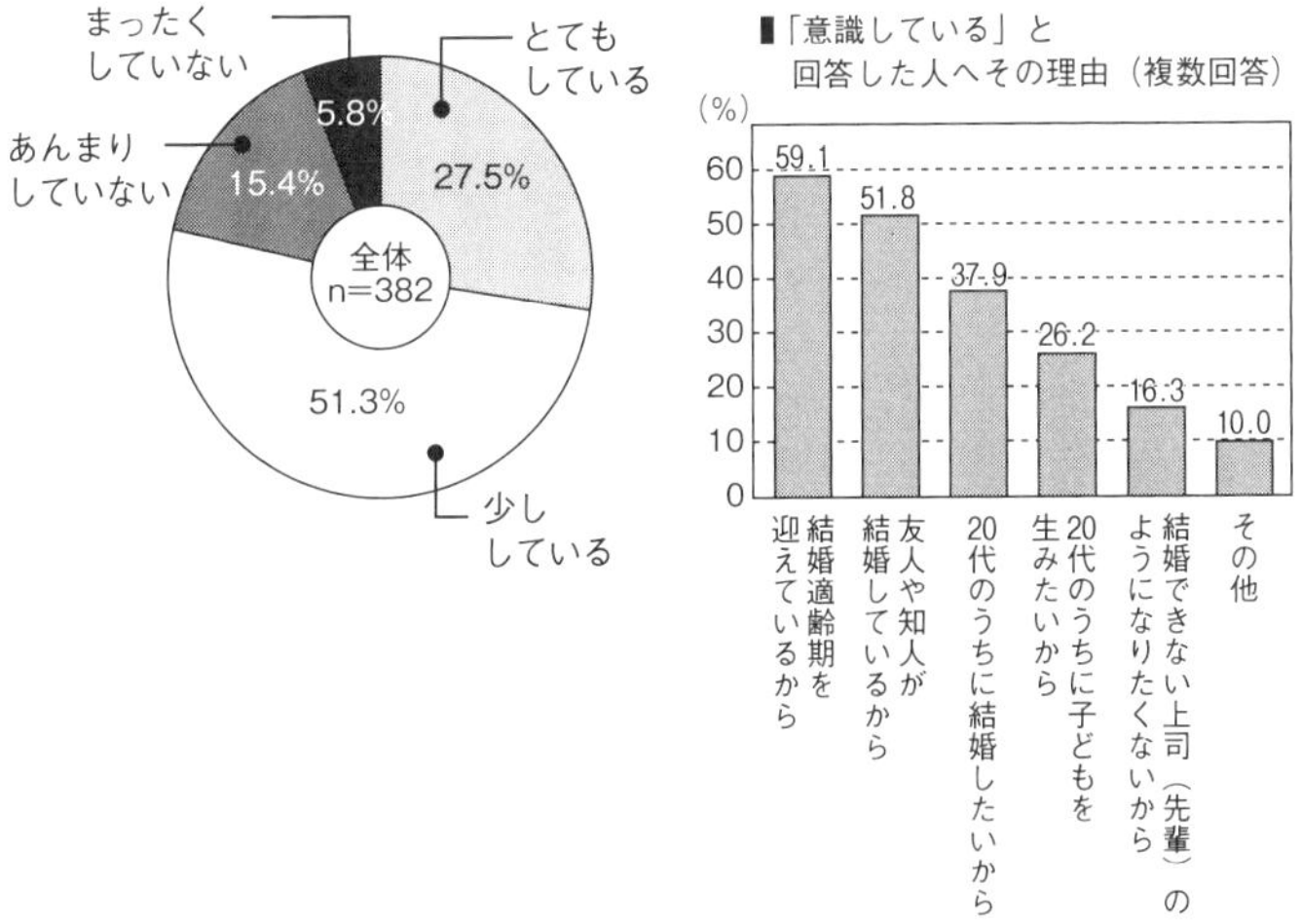

図表11「自分はこのまま結婚できないのではないか」と思ったことがある

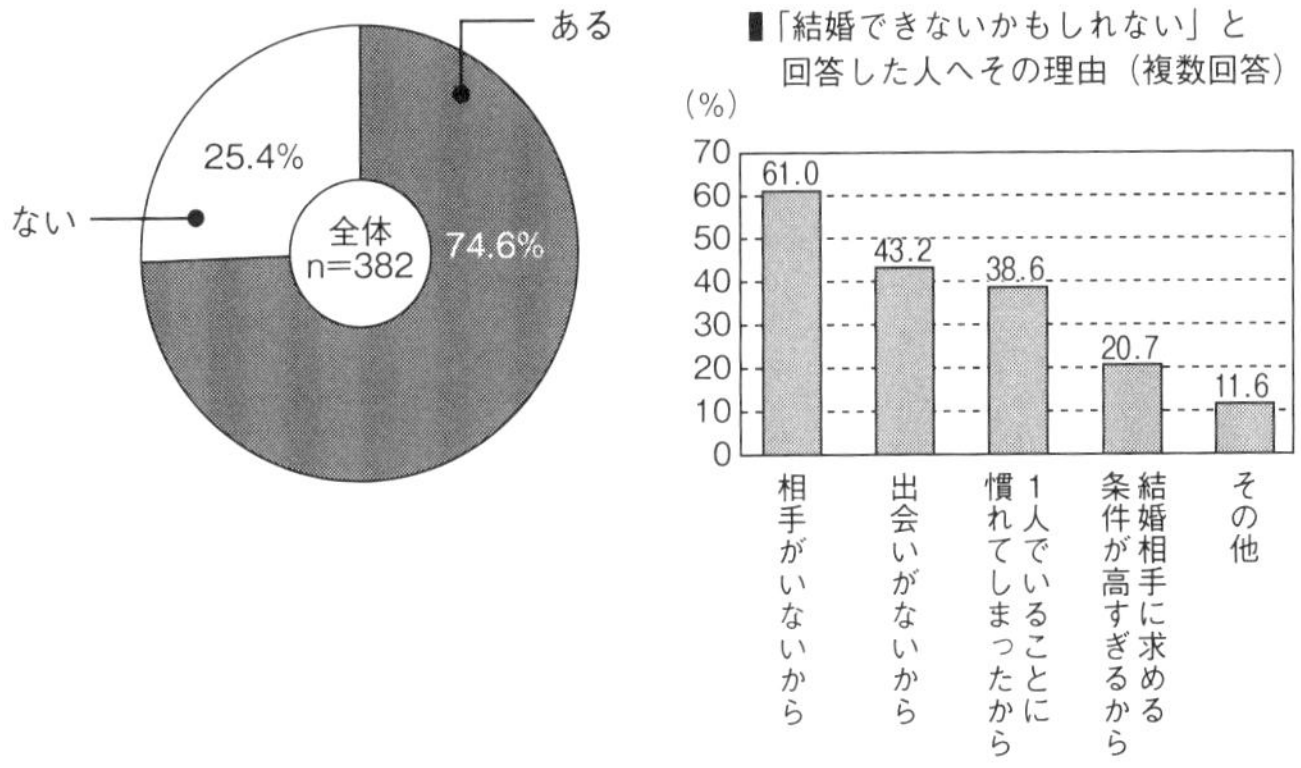

資料：女性と暮らしの生活意識データ集2011

「25パーセントの女たち」だけでなくほとんどの未婚女性は30歳を超えるころから問題を抱えるようになる。結婚をどうしようか、出産をどうしようかという問題である。ことに出産はタイムリミットがある。生むとしたらせめて40歳前だ。生まないとしたらそれに代わるどのような生き方があるだろうか、という難しい問いが待っている。〝こんな人生ならＯＫ〟という「正解」やモデルがない。結婚も出産もしないと決めるには、40歳になる手前までには自分で自分に納得のいく答えを与えなくてはいけない。この自問自答は年月が経つほどに、予断を許さない状況になっている。

「若年未婚女性」という問題

以前、「女性は生む機械」と発言して大変なバッシングを受けた厚生労働大臣がいた。これは、「女性は生殖をあずかる性」という国家のまなざしで見たもので、戦前の「生めよ殖やせよ」の発想と同じだ。ただ、何しろ女性を「機械」に例えたのがいけなかった。けれども、「機械」とみるのが女性を見る紛れもない国家の視点だ。それをわかりやすく表現した点で、正直といえば正直な発言だった。

いま、「生かし切れていない女性という人材を国家の成長戦略の中核に据える」と安倍首相が発言し、待機児童ゼロや育児・介護休暇の延長を目指すとしている。これも国家のまなざしで女性を見ている点では同じである。けれども、こと生殖、〈生む性〉という視点で女性を見るのは、人材としてみるのよりも同じ日本の将来にかかわることとはいえずいぶん異なっている。〈性〉はよりプライベートでセンシティブな問題を含んでいるからだ。

女性を生殖、〈生む性〉として管理していきたい国家の欲望は、こんにち少子化対策と表現されている。今日的少子化対策、〈生む性〉の管理の一つとして、子宮頸がんワクチンの接種がある。これは２００９年10月に国内で承認され、２０１０年４月から一部自治体で接種がはじまった。私が住む三島市でも11～14歳の女児、生徒（ワクチンは性経験のないほうが効果が大きいからということで）に全額公費負担で（一人分の接種費用は４万５千円）任意のもとに実施した。任意とはいえ、ほとんどの生徒が接種を受けたという。２０１２年までに全国で３４２万人が接種している。子宮頸がんを未然に防ぎたい、子宮の健康を管理してよりよい子を生んでほしいという親の思いを代弁しているようだが、実際は、〈生む性〉を管理したいという国家の欲望であることは否定できない。なぜなら、当初からワクチンのリスクは指摘されていたが、２０１２年末までに１９２６人に副作用が発生し、うち死者１人、重篤者１０１人が報告されている。保護者らは「全国子宮頸癌被害者連絡会」を組織し、副作用の補償を訴えているがいまだ補償されていない（東京新聞２０１３年３月26日）。女性の健康を気遣ってワクチンを勧めたのであれば、国は補償を率先するべきだろう。しかし、女性を「生む機械」とみているのなら、「機械の代わりはいくらでもある、良質な機械だけが必要なのだ」ということになる。補償などという発想は出てこないだろう。少子化という国家の大問題を理由に、子宮頸がんワクチンという方法で若年未婚者の子宮を国家管理のターゲットとしているのである。

私は同じ性として、同じ場を踏んできた者として若年未婚女性に関心を持ち見つめている。彼女たちは他の性、他の年代では決して担うことができない生殖を預かる〈生む性〉である。本来〈生む性〉は女性自身のもので、自主的決定権がある。一方、当の本人である若年未婚女性は「進化」しているがために、これまで女性が難なく通り過ぎてきたライフコースがうまくいかなくなっている。ライフステージのうちで最も大きなものは結婚、出産、育児という〈生む性〉にまつわるものだ。つまり、他の性、他の年齢に代わることができないために、それが若年女性の実存的問題になっている。国家のまなざしで見つめられている同じ〈性〉を、彼女たちは個人的な〈生〉、個人の幸せというところで悩み、自分自身を見ている。国家の存亡とか繁栄のために、「成長戦略」のために悩んでいるわけではもちろんない。いま、経済成長が再びやってきたら、若年未婚女性は〈幸せ〉になるという幻想がふりまかれている。しかし、それは女性が「養われる」主婦に戻るだけのことで、〈幸せ〉がもたらされるわけではない。

確かに若年女性は低賃金労働者が大多数を占めるから、お金持ちではないし社会的に重要なポストにいる割合は小さい。が、「25パーセントの女たち」に限らず彼女たちの多くはそれを上回るほどの教育レベルも学歴も高い。文化活動や趣味も多彩で幅広く、好奇心もある。健康、美容、おしゃれへの関心と実践度合いは同世代の男性とは比較にならないくらいだ。これらは確実に個人の資質として彼女たちに蓄積されている。要するに、お金や社会的地位を除けば彼女たちは決して社会の底辺で生きているわけではなく、むしろ社会の潤いや活性化にとって重要な位置にいる。が、未婚から既婚になる過程で蓄積されてきた個人的資質の多くが失われてしまう、それがこの国の結婚の実情である。

彼女たちはこれら個人的資質をムダにしたくない、ずっと活用しさらに発展させたいと願っている。それはほとんどの若年女性の願望であり課題である。と同時にとりもなおさず少子化に悩むこの国の課題でもある。この課題をクリアすることは彼女たちの幸せにつながるのだが、社会の幸せにもつながるはずである。

【脚注】

i　石井洋二郎　2009『科学から空想へ　よみがえるフーリエ』藤原書店

第4章

「25パーセントの女たち」と『永遠の夫』

1、自分第一主義の女性たち

お追従を述べるということ

前章までは「25パーセントの女たち」というこれまでのカテゴリーに属さない新たな女性たちが出現していること、そして彼女たちはどのような存在なのかについて述べてきた。それでは「25パーセントの女たち」が性格や行動、考え方の面でこれまでの〝いわゆる若い女性〟とはっきりと違う点は何だろうか。違いとなることを一言で言い表すなら〝自分第一主義である〟ことだ。自分第一主義とは、お追従を述べず、媚びない人といえる。

それでは反対にお追従を述べる人とはどのような人を指すのかだろうか。

お追従を述べる人とは、ご主人様、上司、お上に対して「仰せの通り」という恭順な態度を取る従順な人、イエス・マン、イエス・ウーマンのことだ。が、これは決してマイナス面ばかりというわけではない。なぜならこのような人はたいてい道徳的であり、秩序維持者であり、往々にして善人である。また、感情をあらわにしたり激情のままに行動したりせず、冷静沈着、安心してみていられる人、仕事を任せられる人が多い。惜しみなく努力したり頑張ったりして、時間割どおりに規則正しい生活を送る傾向も強い。だから時として「自分は絶対に正しい」という思い込みを持つことも多い。そのようだから、社会や組織では重要なポストに就き、社会的成功者になることが多い。けれど、それはしばしばお追従のたまものである。

さらにお追従を述べる人というのは、どちらかといえば資本主義経済と科学と文明が大事という価値意識を持っている。何よりも経済、お金が大事、額に汗して働くことこそ大切と思っている。科学的に証明されたことでなければ信じられない、何事によらず数字で示すことができ、実証的であることが学問的であり真実だと考える。どちらかといえば宗教や神を信じないし、霊魂に関心を持たず、易や占いに価値を置かずお金を払ってみてもらおうという料簡は起こさないのである。つまり、科学と経済に依存した合理的な生活が肌に合っていて、現代文明のこの社会で快適に暮らすことを望んでいる。

だから体制維持者であり自己保全を旨としている。今の社会に閉塞感があるからといってこれを打開したり新たな道を切り開いたりすることはあまりしない。

女性に限ってみると、このようなタイプは基本的に夫を「主人」と呼び、夫婦の名前を書くときは必ず自分は「主人」の下に署名し、何事によらず主人をたてるのが身についている。男性の名前を呼ぶときは語尾を心持ちあげて発音する、人前で腕は組まない、仁王立ちしない、お茶は率先していれるなどなどが自然のしぐさとして板についている。そうするほうが生きやすいことをよく知っているからである。現在の結婚制度や家族体制を素直に受け入れ、その慣習に染まるのに抵抗を感じない人である。要するにお追従を述べるのが「65パーセントの女たち」の特徴である。

媚びない、社会に同調したくない人

それでは「25パーセントの女たち」がお追従を述べないとはどのようなことだろうか。

それは、第一に社会と男性に対して媚びないということだ。日本の場合、若年女性（若くなくても女性であれば）はコケットリーが好まれる傾向が強い。職場でも男性に媚びる女性のほうが受けがいい。なぜ若年女性は男性に媚びるのかといえば、女性は生涯にわたって自分の食い扶持を稼ぎ続けるのが難しく、男（夫）に頼り養ってもらわなければ生きられない状況があるからだ。だから「あなたに従順ですよ」という態度が身についてしまう。ところが、「25パーセントの女たち」は高給取りとはいえないまでもまがりなりにも自分で稼ぎ、その気になればその稼ぎで何とか暮らしていける、そういう見通しを持っている。だから必ずしも男にすり寄って受けをよくし、夫に養ってもらわなければならないわけではない。だから媚びる必要性は薄い。

第二にお追従を述べないというのは、社会通念、既成の規範に必ずしも同調しないということだ。社会に対してあるいは権力や地位ある人に対して同調していくのは、自分らしくないと感じるのである。そうはいっても同調しないという態度に確固たる信念があるわけではなく、どちらかといえば「なんとなく」合わせられない自分というのを感じるのが「25パーセントの女たち」たちである。彼女たちは女性がたどる〝当たり前のライフコース〟というものに沿った人生を辿りたくないという思いをどこかで抱いている。自分磨きや自分探しを幾年にもわたってやってきた。その中でいろんな資格を取ったり経験を積んだりし、「私はこのように生きていきたい」という思いを抱くようになったためである。

佐々木洋子さん（29歳　仮称）は、私が担任した生徒で、２００２年に高校を卒業した。卒業後私立大学の芸術関係の学部に進み、放送業界に職を得た。高校時代からの希望の職種だったため、ずっとその職場にとどまるものと思っていた。ところが２０１３年の4月になって、「20代も今年で終わりになるので、オーストラリアに留学します」という内容のはがきが突然届いた。どうやら30歳を目前にして、もっといろんな勉強をしたいと思うようになったらしかった。彼女のように自分がこうしたいああしたいという生き方に素直に従えば、既成のライフコースから外れることも多い。が、それは自分なりに試行錯誤した結果出した答えで、それに素直に従っているだけである。

自分第一主義

お追従を述べない「25パーセントの女たち」は、誰よりも自分のことに一番関心を持っている。だから〝自分第一主義〟というのが最も大きな特徴である。彼女たちと話をしていると「自分第一主義」に該当する次のような言葉に出くわすのである。


「何かにつけて自分第一の対応をしてしまいます」

「自分で自分を可愛がってあげたい」

「誰が好きって、私は私が一番好きです」

「私がこの世で一番愛しているのは私で、結婚相手はその次になります」

「自分が好き」「自分にご褒美を挙げたい」というように考えたことのなかった私は、これらの言葉に一瞬たじろいでしまう。が、同様の言葉はさらに掘り下げたものになっていく。

「自分らしさを保ったままでいられる仕事を探してきました」

「この世の中で一番好きなのは自分。ずっと好きでいたいから自分磨きをしています」

「他人に何かしてあげることは美しいことだと思う。だけどそれ（自己犠牲）を求められるととても苦しい」

「自分の中に核となるようなものを探さないと不安なのです」

「自分というものをずっと保っていたいです。結婚して母や妻になると、その自分というものが薄くなるように思えます。私だけのテリトリーを持ち続けられる結婚ならいいのですが」

「自己犠牲はきつい」という言葉の背景には自己愛、エゴイズム、ワガママという心性が存在している。確かにそういった側面はある。が、自分第一主義は社会における若年女性の生きづらさが根底にあって、そういうなかで「あなたの好きなようにしていいのよ」と育てられた。その結果、彼女たちは「社会の枠に入らなくてもいい、自分というものを大切にした生き方をしたい」と思うようになったのである。つまり明らかに「おとなしい女」ではなくなったということだ。

そうなると、エゴイズム、ワガママということは大したことではなく、問題はその次にある。つまり「おとなしい女」ではなくなった女性たちは、これまでの結婚、家族というワクや「テリトリー」に入りきらないという問題である。それではどのような結婚、家族であればいいのだろうか。

郵便はがき

恐縮ですが切手をお貼り下さい

101-0064

千代田区猿楽町2-5-2
小山ビル

（株）あっぷる出版社

（受取人）

■お買い上げいただいた書店名、年月日

市区町村　書店　年　月　日

■この本を何でお知りになりましたか

①新聞（　　）②雑誌（　　）③書店で見て　④知人の紹介
⑤図書目録　⑥ダイレクトメール　⑦その他（　　）

通信欄

ご記入いただきました住所・氏名・Eメールアドレス等の個人情報につきましては、今後の企画の参考とさせていただきます。それ以外の目的には使用しません。ご協力ありがとうございました。

あっぷる出版社　愛読者カード

■ご購入書名

25パーセントの女たち
未婚、高学歴、ノンキャリアという生き方

■この本に対するご感想

お名前	(フリガナ)　　　　(　　歳) 男・女	勤務先	
ご住所	(〒　　　)　　TEL　(　　) 電子メールアドレス　　@		

2、『永遠の夫』論

それは〝不倫〟ではない

「25パーセントの女たち」が入ることのできる結婚、家族とはどのようなものか。どのような男女関係、結婚、家族だったら彼女たちに適合するのだろうか。

この問いに対する答えとして私はドストエフスキーの中編小説『永遠の夫』（1869年）を取り上げたいと思う。奇妙な題名のこの作品は大作『白痴』と『悪霊』執筆の間の数か月で書かれた。「25パーセントの女たち」がどのような位置に立っているかを考えるにあたって、この作品はとても有効な手助けになるのではないかと考えるからである。いったい「25パーセントの女たち」は140年も前の小説『永遠の夫』とどのように関連するのだろうか。

このことを考えるに先立って『永遠の夫』のあらましを見ておくと次のようだ。

主人公は「万年寝取られ亭主」のトルソツキー（40代半ばの風采の上がらない男）と「寝取り夫」のヴェリチャーニノフ（37、8歳の男前で女遊びの経験も豊かな男）の二人である。トルソツキーの妻ナターリアは〈不貞の妻〉となるべく生まれた女で、夫を完全に尻に敷いている。一方トルソツキーは妻に不貞をされずにはすまないばかりか、ただただ夫であることに終始し、それ以上の何ものでもなく喜んでその妻に仕えている。ヴェリチャーニノフは30代のはじめトルソツキーの住む地方都市に住んだことがあり、その時ナターリアと深い関係にあった。トルソツキーは妻を寝取られていることを全然知らずに、押し出しが立派で趣味のいいヴェリチャーニノフを心から尊敬し、しょっちゅう自宅に招いて夫婦で歓待していた。やがてヴェリチャーニノフはナターリアから「妊娠したみたいだからもう家には近づかないで」と言い渡され、ナターリアと別れる。ペテルブルクに戻ったヴェリチャーニノフはいつの間にかこの夫婦のことは忘れてしまう。それから9年がたったとき、帽子に喪章を付けたトルソツキーがヴェリチャーニノフの前に現れる。ヴェリチャーニノフに9年前の情事の記憶がよみがえる。ナターリアは3か月前に急死し、その文箱から情事の記録ともいうべき手紙の束が出てきた。ナターリアの死後それを見るに及んでトルソツキーは、妻の情事の相手と親しく付き合ってきたこと、自分が長い間「寝取られ夫」だったことが悔しくて仕方なく、それ以来酒びたりである。トルソツキーは8歳になるリーザという娘を連れていたが、彼女の父親は実はヴェリチャーニノフだ……。

昨今の日本だったら「妻を寝取られたというなら不倫じゃないか」と片づけられそうな話である。もっと恐ろしげな言葉に「姦通」というのもある。確かに現象としてはそうだ。「不倫」とは、「情事」は倫理道徳に反した行為で「あってはいけないこと」と断罪する用語になっているから、嫉妬に狂った「寝取られ夫」が包丁を持ち出して、キッタハッタの悲惨劇を展開する筋書きが予測される。が、同じ現象をこの小説では「不倫」とは呼ばないし、何より不倶戴天の敵同士が漫才の「ボケ」と「突っ込み」のような関係で、あとで述べるように下卑たユーモアさえ展開している。妻を寝取られた男に同情しつつもこれをどこかで面白がるような〈文化〉、つまり「コキュ（寝取られ夫）の文化」というものがヨーロッパにはあって、この話はそれが土台になっているのである。

17世紀初頭までは「コキュ」を卑俗とか猥褻とか淫らとはみなさず、「性」に関しては「まだある種の率直さが残っていた」[i]。このことを前提に読まなければ、小説の面白さは伝わらないだろう。堀田善衛は18世紀スペインの恋愛について、それは遊戯かゲームに近かったとして、次のようなエピソードを紹介している。

「恋愛とはとりもなおさず性愛を意味した。恋愛というものが、性と一応切り離されたものとして成立するようになるのは、ロマン主義思想の確立以後のことである。要するに今日のことばでいうフリー・セックスの時代であった。姦通などという恐ろしげな言葉などはなかった。妻の足を他の男が見るなんぞということがあったら死んだほうがましだ、などと言いながら、実のところは、夫人が男を寝室に引き入れていたら、夫のほうが遠慮して家を出ていくという時代であった」[ii]

この指摘からスペインはカトリックの国だから「性」に関して厳格とされている。が、その一方でフリー・セックス的男女関係があって、一つの基準だけでは決められない大人の「性文化」ともいうべきものが存在したことがわかる。卑俗、猥褻、淫らという基準が今よりもずっと緩かったのである。それが19世紀後半になると、このようなおおらかさはすっかり鳴りを潜めた。その一方で例えば19世紀末日本では、明治政府（国家）が公然と売春を許可した公娼制があったし、戦後は〝フーゾク〟が存在するというように「偽善的な性現象」[iii]に覆われるようになる。これらの経緯を考えたら、当該小説は「不倫」と呼ぶのはふさわしくないし、「偽善的な性現象」に目をつぶったまま、「不倫」という現象だけに目くじらを立てるのはいかがなものかと思うのである。

三角関係のよさ

私はこの作品に惹かれてきたのだが、いったいどこに惹かれたのかといえば、この大人の「性文化」のおおらかさ、ゆとりといった雰囲気が全編にあふれている点だ。が、そのほかにも二点ある。そのうちの一つは、ドストエフスキーの小説のほとんどに該当すると思われるが、男女関係が「ロミオとジュリエット」のような1対1の対関係ではなく、男二人と女一人の三角関係とか男女二人ずつの四角関係として描かれる点だ。小説に男二人と女一人が登場し「三人でこの先仲良く、兄弟のように暮らしましょう」というセリフが出てきたりする。『永遠の夫』もヴェリチャーニノフ、トルソツキーという二人の男とナターリアという女一人の三角関係だ。これは第3章で述べたフーリエ理論の「馴染みの仲」を思い起こす光景である。

19世紀半ば過ぎは現代よりもずっと「コキュ」の文化の名残は濃厚だったわけだ。むしろ、人類の歴史からいったらこちらの歴史のほうが長いのではないだろうか。現代は男女一対がカップルになるのが通常で、カップル関係が解消されたり壊れたりしたとき初めて次の相手を探すのが当たり前とされる。しかし、これが規範化され、社会通念になったのはそんなに古いことではないのではないだろうか。ある時、(それはおそらく近代化の過程で)性愛にヒューマニズムが持ち込まれ、「一人の男は一人の女だけを愛すべし」というのが人道主義的立場に立った性愛であり、これこそが倫理道徳にかなった〈正しい〉行為とみなされるようになった。そして男女関係の在り方をこのように規定した背景には、国家が大きく関与しているのである。今や高校生でも忠実にこのルールを守った付き合い方をしている。このやり方が唯一〈正しい〉と信じる私たち世代は、「コキュの文化」に違和感を覚えるのは当然かもしれない。

それにしても小説に描かれるくらいだから三角関係にはよさがあるはずだ。それはどのような点だろうか。

かつて私は高校教員として「性教育」にかかわってきた。90年代に入って性行為の低年齢化をどのように捉えたらよいのかという問題を抱えた。そこで気がついたのは、高校生ですら彼氏／彼女の関係になると1対1を厳格に守るようになることだ。ところが、対関係になった二人は学校の仲間や家族からも切り離されて、タコツボに入ったように閉じた関係を作ってしまう。だから教員や親など周囲の大人は彼らがどのような関係を築いているのかがわからなくなる。10代では関係性を調整するノウハウや知恵を多く持っているわけではない。だから妊娠や別れ話のもつれといった二人の関係性にトラブルが生じた時、それを回避するのが困難になり、どうしようもなくなってからようやくそれが発覚する。その後大人の手を借りて解決するのがほとんどなのである。

高校生に限らず男女の対関係は個別化し、閉じた関係になりやすい。そのうえどうしても男が女を支配するという家父長的な関係を作りやすい。そしてまた、男女は一人ずつでなければならないという対幻想がかえって嫉妬を生むというように、感情がこじれやすい。が、そこにもう一人の男性、さらにもう一人の女性が加わることで関係は閉じたものにならず、さらに嫉妬という情念も解放されやすい、そういうメリットがある。だからむしろ、10代では対関係ではなく〝三角関係、四角関係のススメ〟をしたほうがよいのではないかと思ったものである。我々大人だって、三角関係は決して荒唐無稽で非現実的なこととして退けられないのではないだろうか。

「性文化」の世代間格差

『永遠の夫』に惹かれた最後の一つは、この小説が大人の「性文化」という旧世代のノスタルジーを踏まえ、そのうえで19世紀後半になって台頭してきた新世代の結婚観（つまり私たちが今持っている結婚観）を揶揄している点だ。だから物語は結婚観を巡る新旧両世代の違いを浮き彫りにさせている。

新旧両世代の結婚観とはどのようなことだろうか。小説に話を戻そう。

トルソツキーは妻ナターリアを亡くしたのであるが、生来が結婚しないとおさまりがつかない彼は、こともあろうにようやく16歳になろうというまだ学生の少女に求婚する。物語の終わり近く（14章）に「サーシェンカとナージェンカ」という章がある。ナージェンカとはトルソツキーが求婚した相手の16歳の少女の名前で、サーシェンカとは19歳の青年で、この少女に正式に結婚を申し込んだフィアンセの名前である。サーシェンカはトルソツキーが自分のフィアンセに求婚していることを知るに及んでそれを阻止しようと、トルソツキーとヴェリチャーニノフのいる部屋に抗議に乗り込むのである。

二人がいる部屋に乗り込んだサーシェンカは、自分たちの仲に割り込んできたトルソツキーに「ぼくたちはずっと前から愛し合っていて約束もかわしている、だから手を引いてほしい」という。が、トルソツキーは「まっぴらご免ですな」と応答する。これに対してサーシェンカは「ぼくとしては永久に彼女を愛していくつもりでいるんです」としたうえで次のように訴える。

「ぼくら二人はお互いに誓い合った仲です。そのうえ、ぼくは二人の証人の前で彼女に約束したんですよ。（中略）こんな具合で、一切保証ができていますから、誰の未来も危険に落とす心配がありません」

青年のこの主張に対して、この時ばかりはヴェリチャーニノフはトルソツキーに加担し、敵同士の二人は結束して青年に対抗するのである。ヴェリチャーニノフは青年の訴えを聞いて内心〈やれやれこの滓めが〉と思い、「立ち上がって小僧っ子の耳を引っ張ってやりたいほどうずうずする」。そして次のように言う。

「19歳の男では自分の責任すら取れないじゃないですか」

トルソツキーも下卑た笑いとともにサーシェンカの主張をこき下ろす。

「どうもお話を聞いていると子どもじみていてくだらない。(サーシェンカの永久の誓いなどは)わたしにいわせれば、まっとうなんてものじゃないですな。むしろぞっとするくらいです。およそ幼稚で馬鹿げた話ですからね」「へっ、サーシェンカとナージェンカか。かわいいお子さまたちですよ、ひひひ」。

旧世代とはもちろんトルソツキーとヴェリチャーニノフであり、新世代とはサーシェンカを指している。旧世代は大人の「性文化」支持者であり、トルソツキーに至っては「ヒヒ爺と少女」の結婚すらもくろんでいる。彼らは異口同音に新世代の結婚観を「子どもっぽい」と言い募る。作者であるドストエフスキーも旧世代側に立っている。

対する新世代はヒューマニズムにのっとった〈新しい〉道徳論に立ち、貞操を誓い合い一夫一婦制をゆるぎなく信じ、実行することこそが正しく、証人をたてて愛を誓うことこそが家族形成の根本的基盤だと考えるのである。青年はこの新しい思想を錦の御旗として掲げる。ここに世代間格差というものが浮き彫りにされている。

新世代の結婚観の危うさ

私たちもまた〈新世代〉の主張通りに結婚し、家族を作ってきた、いわばサーシェンカの末裔世代だ。だからこのやり取りを聞いて誰しもが「そりゃあ、旧世代の主張は間違っている、おかしい。夫婦になったからには貞操を守り通すのは当然ではないか」とサーシェンカに軍配を挙げる。

が、それにしてもなぜ作者は旧世代を優位に描くのだろうか、大人の「性文化」など本気で通用するわけがないのに。トルソツキーの方こそ真面目に人生と向き合おうとしないいい加減で不道徳な人間ではないだろうか、と誰しもが思う。それなのになぜ作者は旧世代側に立ってサーシェンカを幼稚で子どもっぽいというのだろうか。ここに至って読者はつまずき、わけがわからなくなる。けれどもこの箇所を幾度か読み返すうちに背後から「新世代の結婚観は危ういからだよ」という言葉が聞こえてくるのである。

それにしても〈愛を誓う〉とはどういうことだろうか。ここでの〈愛〉とは親が子を愛するというような無償の愛とは違うし、マザー・テレサのような人類愛とも違う。これらの愛は「永遠の愛」を誓わなくても、〈ずっと愛し続ける〉ことは不可能ではない。わざわざ「永遠の愛」を誓わなければならないというのは、そこに利害打算がどうしても働くからだ。他人としての異性を永遠に愛するのは困難だ、不可能に近いといってもよいかもしれない。それを覆い隠す言葉として〈永遠の愛を誓う〉が用いられる。現実生活において〈愛を誓う〉とは〈貞操を誓う〉ことに他ならない。なぜ〈貞操を誓う〉のかといえば、三角関係や四角関係といった大人の「性文化」における男女関係を排除し、二人だけの男女関係だけにしてしまったからだ。そうするとどうしても〝浮気〟〝嫉妬〟〝不信〟が生まれる。だからそういった危険性はあらかじめ排除してありますよ、と予防線を張る必要がある。対関係だからこそ「不貞」への防御策が必要なのだ。

そのうえで「一対の男女が平等な立場に立って愛を誓う」というヒューマニズム的基準に基づいた結婚こそが〈正しい〉と主張するのが新世代である。そしてこの主張に基づいて形成されたのが〝近代家族〟〝標準家族〟と呼ばれるものだ。つまり、サーシェンカという新世代の主張は「私たちは近代家族を作ります」という宣言に他ならない。旧世代にとって近代家族を作るということは一対の男女関係というものの不自由さを受け入れることだから、〝倫理道徳にかなった関係〟に疑義を呈さずにはいられないのである。

しかし、近代家族は国家に組み込まれてしまうという危険性をはらんでいる。明治期、日本もまたこのヒューマニズム的基準によって近代家族が作られた。近代国家形成にとって、近代家族は国民を管理しやすいという面があり、必要だったからだ。それ以降今日に至るまで、結婚は国家の独占事業として取り仕切られてきた。これによってそれまで私事だった結婚や家族形成は国家に取り込まれた。家族は、戦前は「兵隊と母」を提供し、戦後は「サラリーマンと主婦」になることによって、国を支える最小単位として殖産興業、富国強兵、国家経済発展に貢献した。

もし旧世代が支持する大人の「性文化」を踏まえて結婚し、家族形成をしたならどうだろうか。大人の「性文化」とは表と裏のある二重基準を社会や人々が受け入れることで成り立っている。ここがヒューマニズムという一つの基準で成り立っている近代家族とは違っている。旧世代が支持する男女関係、結婚、家族は一枚岩でもなければ単純でもない。だから国家は管理統制しにくい。それに三角関係だと〈愛を誓う〉〝〈貞操を誓う〉はほとんど意味を持たないし、〝不貞〟〝不倫〟も意味をなさなくなる。

サーシェンカは訴えの終わりにトルソツキーにこう忠告する。「ヒューマニズムの立場から繰り返します。（中略）せめて人生で一度くらいは根本から考えるようになさらなくちゃあ」

これに対してトルソツキーは次のように毒々しく叫ぶのである。「お願いだから道徳論は勘弁していただきましょう」

トルソツキーの下卑た笑いの下には、そしてこの毒々しい叫びの下には、次のセリフが隠れている。「ヒューマニズムに基づいて〈貞操を誓う〉一夫一婦制の結婚に縛られると〝ぞっとするくらい〟大変なことになるんですよ。夫婦という男女関係は国家に管理され、貢献しなければならなくなりますからね。結婚も家族も自分の手の内にあるから自由で面白いんじゃないですか」

3、「25パーセントの女たち」と『永遠の夫』はどうかかわるのか

的外れな父親探し

ここで当初の問い、「25パーセントの女たち」はどのような結婚、家族であれば適合するのか、に立ち返ろう。

2013年の夏、週刊誌をにぎわせたある話題があった。それはフィギュアスケートの安藤美姫選手が4月に女児を出産していたと公表したことに関連する記事だ。話題の中心はどのようなお子さんを生んだのかとか、肝心の母子に関することではなかった。安藤選手が未婚なうえ、父親について触れなかったことが憶測を呼び、「子どもの父親は誰か」という詮索であった。ある週刊誌はロシア人元コーチだと報じたが、彼は父親であることをきっぱり否定した。別の週刊誌はプロスケーターN氏だと報じたが、彼もまたきっぱりと否定した、というように騒動は過熱した。

それにしても未婚で出産した女性に関して「あなたはあの赤ちゃんの父親ですか？」とそれと思しき男性に聞くのはあまりにも愚かではないかだろう。安藤選手がその男性以外とは絶対に会わなかったという保証があるのなら別だが、そうでなければ自分が父親かどうかは断定できるはずもない。だから「ノー」というよりほかないのではないか。父親が誰かを確定できるのは母親だけにできることだ。それにしても、安藤選手が未婚のまま出産したことは若年未婚女性にとって喜ばしいニュースだと私は思った。

子どもを生むというのはごくプライベートなことだが「誰が父親か」も同様プライベートなことで、そのことを詮索するなど大きなお世話である。なのに詮索が過熱したのは、法的に婚姻が認められた男女でなければ子どもを生む資格、権利はないと考える国だからだ。スウェーデンやアイスランド、フランスのように婚外子が半数を超える国では、このような詮索はそもそも意味がない。かつてフランス大統領だったフランソワ・ミッテランは「隠し子がいるのではないか」と公の場で質問された。彼は「それで？　それがどうした？」と答え、それでおしまいになったという話を聞いた。

『永遠の夫』にもこれと同じテーマが盛り込まれている。それは、トルソツキーが連れてきた8歳のリーザの父親は誰かということだ。ヴェリチャーニノフははじめ自分の子かもしれないと疑心暗鬼になるが、やがて自分の娘だと確信するようになる。一方トルソツキーは我が子だと思ってかわいがってきたリーザが、そうではないと知ると憎さがつのり彼女をいじめるのだ（リーザは神経性の病気になりやがて死んでしまう）。「リーザの父親は誰か」という謎解きは、ナターリアの死後遺品として残された彼女の手紙によって明らかになる。が、小説の中での「父親探し」の意味は日本的詮索とは違っている。なぜなら肝心な母親のナターリアは亡くなった後でも母親としてゆるぎなく立っているからだ。彼女はリーザを出産するとき、ヴェリチャーニノフにもトルソツキーにも相談していない。誰が父親であろうと生むのは私なのだとして、出産を自分の手のうちに収めていた。先の安藤選手もまた、父親にあたる人に出産するかどうかの相談をしていなかったのかもしれない。

出産が女性の手の内にないというのは、「生むことを決定するのは母親である私だ」と考えないことだ。自分の意志では生むことを決められないし育てられないと考え、夫（子の父親）に依存することだ。母子手帳、定期検診、安心な医療など国家の管理に頼ることだ。このような慣習に従うのが「65パーセントの女たち」である。この慣習に従うと出産も子どもの育て方も女性の手中になく、夫と国家に回収されてしまいがちである。

「25パーセントの女たち」は結婚しても自分を保ちたいと考え、潜在意識として出産や子育てを自分の手の内に収めるのを望んでいる、「そういう結婚や家族だったらいいわ」と、彼女たちは考えている。私はそう思う。けれどいまの日本でそれを達成するのは難しいことかもしれない。だけど個人でも確かにできることがある。一つには〈不貞の妻〉になることである（が、これを勧めるには問題がある。ただ、結婚までのプロセスを「馴染みの仲」「子持ちの仲」というように進めていくことは可能だと思う）。

もう一つは〈未婚のまま母になる〉ことである。この国でも〈未婚のまま母になる〉可能性が生じれば、「25パーセントの女たち」が子どもを生むことに現実味が帯びてくるものと思われる（このことは終章で再度触れる）。

「25パーセントの女たち」と近代家族

今日女性が先の慣習に従って、つまり国家管理のもとで子を生み、かつ仕事をしようとすると二つのことが必然的に繰り込まれてくる。一つは家庭内では夫婦間に「男は仕事、女は家事、育児と仕事」という男が女を支配する構図が作られること。もう一つは、企業システムは効率と経済成長に基づいて活動しているから、妊娠、出産する女性を「不良品」とみなし、妊娠解雇、育休切り、職場流産（仕事が原因で流産すること）が発生するなど、企業社会に支配されることだ。共働きは女性にとって、家庭と企業の両方から搾取されることである。この国では、女性たちは仕事をやめて「おとなしい女」になるか、女性活用という名で企業の経済効率に組み込まれるかいずれかを選ぶようせまられる。その結果6〜7割の女性は前者を選んでいる（往々にして前者を選ぶ女性の眼には、近代家族の危うさは見えないし、いろんな情報はすべて結婚がキラキラ輝いて見える方向に流されている）。

「おとなしい女」になることも、仕事だけを頑張るのも拒否しているのが「25パーセントの女たち」である。彼女たちの自分探し、自分磨きはまだ途上だ。この先もずっと自分というものを保ち続け、自分のペースで自分らしくやっていきたいと思っている。彼女たちに「それをやめなさい」というのはもはや無理なことで、そのような女性は増えるかもしれないが減ることはないだろう。そういった彼女たちに適合した家族とはどのようなものだろうか。

これまで見てきたように１４０年以上前、ドストエフスキーは『永遠の夫』の中でサーシェンカの口を通して近代家族の素晴らしさを主張させた。と同時にトルソツキーとヴェリチャーニノフの口を通して近代家族の危うさを語らせた。この二人はともにドストエフスキーの分身である。１４０年経たいま、その結果を見ると近代家族というものの危うさ、それが若年女性にとって（若年男性にとっても）過酷な状況を作り出す装置になっていることが露呈している。ドストエフスキーの予見は的中していたといえる。この予見をいち早くキャッチし、すでに近代家族をやめている国もある。例えばフランスやスウェーデンなどは先に書いたように婚外子が5割を超えているから、結婚というものが近代家族に基づいていない。

そう考えると、日本における「25パーセントの女たち」は、近代家族が危ういことを本能的に直感している存在ではないだろうか。その危うさに警鐘を鳴らす炭鉱のカナリアなのかもしれない。すでにこの国は近代家族の枠組みをなんとかしなければならない状況にある。いまは25％程度の未婚女性がそれを生きづらさとして感じているにすぎないかもしれない。が、女性だけでなく男性も、そして今やようやく結婚していない男女間に生まれた婚外子もそれをカミングアウトし、一部認められるようになった（婚外子は明治以来ずっと相続などで差別されてきたが、２０１３年9月、これが違憲であるという最高裁判所の判決が出された）。「25パーセントの女たち」とは、近代家族という〈坑道〉はガタがきている、入ったら息苦しいところだ、だからもっと別な鉱脈を掘ること、つまり多様な家族や生き方が許容される必要があると感じ、それを教えてくれているのである。

【脚注】

i　ミッシェル・フーコー　渡辺守章訳　1976＝2002『性の歴史Ⅰ　知への意志』新潮社

ii　堀田善衛　1974『ゴヤ――スペイン・光と影――』新潮社

iii　脚注iに同じ。

第5章

とってもリベラル、だけど家父長的

1、祖母たちの〈幸せ〉

これまでにない問題を抱えた娘世代

前章では「25パーセントの女たち」の性格、行動、結婚や家族についての考え方について述べてきた。しかし、何しろ彼女たちはサイレントで不可視的な存在だ。もしかしたらあなたの隣にさりげなくいていつも接している人が「25パーセントの女たち」なのかもしれないのである。だとしたら彼女たちにより接近し具体的な実像に迫る必要がある。私は「25パーセントの女たち」という予見を持って接したわけではないのにもかかわらず、「ああ、彼女と同様のカテゴリーに属する人がここにもいる」という思いを幾人かに抱いてきた。そこで改めてそのような女性に会い、話を聞くことにした。

「25パーセントの女たち」を娘世代としたら祖母にあたるのは昭和ひとけた世代であり、母にあたるのは昭和20年代から30年代にかけて生まれた世代だ。本章では娘、母、祖母というようにタテの時間軸で見ながら娘世代＝「25パーセントの女たち」に焦点を当てていきたいと思う。祖母世代とは戦前の「良妻賢母」教育を受け、母世代は戦後民主主義教育を受けた。そして娘世代はそのような母から「あなたの好きなようにしていいのよ」と言って育てられ「自分第一主義」でやってきた。このような娘、母、祖母の間には因果関係——娘をこのように育てたから「25パーセントの女たち」に該当するようになった――はあてはまるのだろうか。それとも〝反面教師的〟な関係、母親がこのようだったから反発して「25パーセントの女たち」になったのだろうか。それとも二者、あるいは三者の間にはそういった法則性というものはほとんど見られないのだろうか。私はそのような予見を持ってそれぞれの世代の方にお会いし、話を聞いた。

お会いしたいずれもがたいそう律儀でまじめな人であり、人生の節々には最良と思われる選択をしてきた人だった。お会いした方々は、直接的に親子関係ではないのに、ライフコースの取り方やその時々の思いが〈母娘〉なのではないかと思うケースもあり、祖母の思いのいくつかを母たちが、あるいはその娘たちが受け継ぎ、その恩恵もたくさん受けていた。それとは反対に、祖母が抱くことのなかった思いを母たちは抱くようになっていた。

ただし、ここで強調したいことは、（第3章の2でも触れたが）祖母も母も抱かなかった新しい困惑や苦悩を含んだ問題を娘世代＝「25パーセントの女たち」が抱くようになったことである。「25パーセントの女たち」は「65パーセントの女たち」に比べて、自分が祖母や母が予測もしなかった事態に直面していることを直感している。その事態解決の糸口は祖母を見ても母に聞いても見つからないのである。なぜなら生き方のモデルになる人が存在しないからだ。娘世代は確かに祖母や母との間になにがしかの影響やつながりはあるから、いくらかの因果関係は見られる。ただしモデルがいないから、因果関係だけで見ていっても娘たちの困惑や苦悩を含んだ問題を解決する糸口は見つけられないのである。

それでは、彼女たちが抱く問題の核心とはどのようなもので、どのようであれば解決策の糸口は見つかるのだろうか。本章ではこのことを考えながら話を進めたいと思う。

ここでは「家父長制」という語を使うが、それはどのようなことかを簡単に記しておきたい。上野千鶴子は『家父長制と資本制』でナタリー・ソコロフの家父長制の定義を以下のように引用している。

「男性が女性を支配することを可能にする社会的権力関係の総体」

また上野は「男性による女性の労働力の支配」が家父長制の物質的基盤であるとしたうえで、「この支配は女性が経済的に必要な生産資源に近づくのを排除することによって、また、女性の性的機能を統制することによって維持される」と述べている。本書ではこの指摘を援用したいと思う。

「家父長制」と同時に「家父長制（的）家族」という語も使う。それでは家父長制家族と近代家族、標準家族とはどのように関係するのだろうか。これらを整理しておきたい。上記の「家父長制」の定義からすると、家父長制家族、近代家族、さらに標準家族は基本的に同じものを指すことになる。

封建時代にも家父長制があった。が、これは武家社会に適応、採用されたもので、庶民までは浸透していなかった。農民の場合、女も男も家族総出で農作業をしなければ食べていけなかったという事情がある。それが明治になって旧民法に家父長制度が規定され、庶民にも適応される。このときから資本主義経済を支え発展させる「男性が働き、女性が家事、育児をする」家族形態が一般化する。これを近代家族と呼ぶが、男性が女性を養う形態だから社会的にも家庭内でも男性が優位に立つ、つまり家父長的家族になる。戦後、旧民法は破棄され男女平等、両性の合意による結婚が制定された。が、慣習として性別分担カップルは残り、これに子どもが加わった形態が標準家族と呼ばれるようになる。だから標準家族は、表面上はリベラルだ。けれど家父長制と「女の幸せ」が抜きがたく埋め込まれている。これをうまく利用することで日本は高度成長を遂げることができたわけである。

以上の経緯を踏まえて以下を述べていきたい。

ありがたかった舅の強い〈指導力〉

佐藤敏江さん（仮称）は1930年生まれだから2014年現在年84歳である。関東地方にある人口20万人ほどの都市に住んでいる。一戸建て住宅は、かつては子ども3人と舅との6人暮らしだったが、今は一人暮らしだ。そこにお邪魔して話を聞くことができた。

二男一女はすでに独立し、舅はとうに亡くなり、6年前に夫をがんで亡くしている。まだ豊かにある髪はパーマをかけているが、ほとんど真っ白で、膝を悪くしているため階段の上り下りや正座が困難で多少耳が遠い。が、それらを除けば腰が曲がっているわけでも気力がないのでもなく、肌艶もよくしゃべる口調も実にしっかりしている。陽当たりのよい庭で多少の野菜を作り、その日の新鮮な魚を買う。近所の人や店の人とも顔なじみが多い。2階の広い一室で書道教室を開いてきた。現在は規模を縮小し近所の大人数名と中学生数名が通うだけだが、教室はもう少し続けたいという。どこの宗派かはっきりとはわからないのだが、女学生の時にキリスト教に入信し、いまも朝がた教理問答を読み夕には〝主の祈り〟をささげる熱心なクリスチャンだ。

敏江さんは女学校を終えた後、師範学校に進み中学で国語教師として4年間勤めたのち結婚した。夫は実直、物静かな人で、一家が住む都市で下級官吏として勤務に励んだ。結婚したとき、夫からも舅からも仕事はやめて家事と子育てに専念してほしいと言われた。

労働問題の用語を使えば「退職強要」だ。敏江さん自身も家庭と教員を両立させるのは無理だと考えて教員を続けるのは断念した。同居した明治生まれの舅は敏江さんに子育てについてあれこれとアドバイスしてくれた。敏江さんの子育て期は「戦後民主主義、男女平等」がはじまってしばらくたったころだ。にもかかわらず舅のアドバイスとは「小学校での家庭科の授業は男の子には要りません、男の子は裁縫や料理を勉強しなくてもいい、だから裁縫道具などは必要ないのです。女の子にはそこそこの学歴があればよい」というように、男女差別のはなはだしいものだった。

敏江さんは不審に思いつつも疑うことなくそれに従った。なぜなら舅はその一方で「これからの時代は女性といえども勉強を続けるのは大事なことです、家事だけをやるのでなく、いろいろ学びなさい」と諭し、敏江さんに勉強を続けるよう奨励したからだ。彼女は、家事の傍ら好きだった書道の勉強を始め、教会に行って見聞を広めるようになった。15年ほどの舅との同居期間中、彼は敏江さんに子育てをはじめ文化的な見聞を広めるきっかけづくりをしてくれたのである。夫は仕事一途だが強引なところがない人だったので、物足りなく感じていたこともあった。

夫は無事定年を迎え、夫婦二人の穏やかな生活が始まった。定年後夫は自室にこもったり、気に入った景勝地に出かけたりして絵画、主として油絵の制作に没頭した。そんな夫に最後まで尽くしたのだが、敏江さんの心の底にはずっとくすぶり続けてきたことがあった。それは「やっぱり教師をやり続けたかった」という思いだった。長い主婦生活の間、それは無意識の中に沈んでいた。それが、夫の定年後時として気持ちのどこかに浮かんでくるようになった。つまり「私はやりたかった教師を断念させられたのだ、自分の生き方を変更させられたのだ」という思いで、ともすると誰にぶつけてよいのかわからないわだかまりになっていた。

このわだかまりは時には形を変えてすっかり成人した子どもたちに対する過度な世話焼き、過干渉、意見の押し付けとなって現れるのだった。敏江さんにその自覚はなかったのだが、時折長男から「お母さん、それは干渉のしすぎだよ」と指摘されるのだった。

敏江さんのお宅に伺ったとき、夕食に何種類もの手料理をご馳走になった。食後キッチンに食器を運んでいると、敏江さんはダイニングテーブルの椅子を指して「夫の定年後はいつもここで二人で食事をしていました。夫の席がここで、その向かいに私が座って」と懐かしそうに言った。夫との睦まじい生活を誰かに披露することで、今の自分の気持ちを納得させているようでもあった。が、実際は敏江さんの話は夫のことよりも舅がいかに力強く自分を指導してくれたかに力点が置かれていた。話しのしめくくりに彼女は次のように言った。

「舅は明治の人間ですから確かに厳しい人でした。だけど私に勉強を続けることの大切さを教えてくれたんです。だからとても感謝しているんですよ」

敏江さんのこの言葉は彼女の複雑で屈折した思いを表現している。彼女の結婚後の家庭環境は家父長的である。続けたかった教師を断念し家庭と子どもを優先する、というように犠牲を強いられたからだ。が、当時それは当たり前の慣習だった。私が教員になったのは1970年代だが、当時夫婦で教員として働いている人は結構いた。ことに家庭科教員のほとんどは共働きだったが、夫が校長になるとどういうわけか妻は退職するのが慣習としてあった。敏江さんは教員同士ではなかったが、「退職強要」が棘となって60年間胸に刺さっている。80歳を超えた今でも、「結果としてこれでよかった」という思いと「犠牲になった」という思いが混在している。「これでよかった」と思うのは「犠牲になった」と断定したくないからだ。母として生きてきてそこにこそ〈幸せ〉であったと自分に言い聞かせ、自己肯定したいからだ。だから「女はそのように生きるのがよい」というように示されたその法則に、自分のほうからあてはまったのだと思いつつ生きてきた。その一方で辞めた以上、主婦や母として生きることでしか「パン」は得られない、という現実問題もある。

舅も夫も亡くなったのち、彼女を支配してきた象徴だった舅を「ありがたかった」と賛美し、夫との生活を懐かしんでいる。いまだに胸に刺さった棘になっている「退職強要」をした人を「ありがたい存在」と思うのはどうしてだろうか。敏江さんは、いや敏江さんに限らず女性でもある割合の人たちは、自立したい気持ち、身近な夫と平等で民主的な関係を作りたい気持ちが強いのである。が、結婚したら性別分業の慣習に従わざるを得なくなり、結局夫に「養ってもらう」ようになった。が、人間とは「養ってもらう」生活を何十年となくするうちに、この現実生活はリベラルでありたいという気持ちとは裏腹に、どういうわけか家父長制を受け入れる心性が造られ、家父長制を疑わない気持ちになってしまうのである。だから、彼女を支配したのにもかかわらず舅を「ありがたい」存在として賛美するようになるのである。

まじめに家父長制を支える

敏江さんとよく似た経験を持つ人に、路子さん（70歳　仮称）がいる。彼女の夫は転勤族で、舅は厳しい明治の人だった。いまは2人とも他界しているため、敏江さんと同じく一戸建てに一人住まいだ。彼女の家は隅々まで掃除が行き届き、民族調の家具が配置されたリビングはとても落ち着きがよく趣味のよさがうかがえる。結婚後、路子さんも家庭中心に主婦としてずっと生きてきた。舅は足が悪い人でいつも草履をはいていたが、草履を引きずる音を立てる癖があった。その草履を引きずる音が道路から聞こえると、〝ああ、舅が来た〟と震え上がるほど恐ろしく、緊張で身がすくんだという。路子さんの家に入ってくると舅はあれこれと口やかましく忠告するのだが、同時に路子さんに勉強することを奨励してくれた。まだ子どもが小さいころ舅にフードコーディネーターの資格を取りたいというと、1週間東京に泊まりこんで取ることを勧めてくれた。転勤する先々で有機食品やエコロジーに関する市民運動にかかわったし、今では地域の脱原発運動で中心的役割を担って活動している。路子さんは敏江さんと異口同音の言葉を口にした。

「舅が勉強するように勧めてくれたからこそ、今の私があるんです」

敏江さんと路子さんはともに家父長制のもとで不条理、理不尽を余儀なくされてきたのに、その象徴である舅にシンパシーを感じ〈恩人〉のような思いを寄せている。第3章の「おとなしい女」で紹介した祖母の夫（私の祖父）も明治生まれだった。そしてやっぱり厳しい人だった。母によると祖父は行儀作法にうるさく、食事時の座り方、はしの上げ下げで子どもたちにものも言わずに手を挙げ、妻に何の説明もなく家計に関することなどを独断で決めた。ようやく物心ついたころ、私もその横暴ぶりをみて心の中で嫌悪した。その祖父が90歳を超えて亡くなる直前、長女である母だけがいるときしみじみ懺悔したという。それは、仏教の供養が煩わしいといって先祖からの仏壇を排して神道の神棚に替えてしまったことをさして「俺は仏心がない人間だった」と言ったというのだ。

この話を思い合わせると、敏江さんや路子さんの舅も厳しく横暴なだけでなく感じるところは感じる、わかるところはわかる人だったのではないだろうか。舅たちは息子のヨメが聡明でよくできた気の利く女性であることを見抜いた。だから密かに自らの〈教育〉の対象にし、かわいがったのではないだろうか。二人のヨメも仕事だけに没頭し自分にあまり振り向かない夫をどこか物足りなく感じ、暴君ではあるが力強い〈指導力〉を持つ舅に惹かれていき、いつしか胸の内では「ありがたい存在」に変わっていったのだと思う。舅の〈指導力〉は、ずっと続けたかった仕事をやめさせられるという理不尽さを味わいながらも「自由にさせてもらった」という思いに変わるほど強烈だったともいえる。が、二人とも〝ヨメ〟という地位を自由な欲求から選んだわけではない。だから心の底では不自由、不平等を感じてきたし、舅を恐れもした。にもかかわらず〈自由〉な活動をしてきたと思い「それでよかった、ありがたかった」と言うのだ。そこには家父長制の持つ強烈な〈力〉があるように思う。家父長制は今も日本の社会保障や結婚制度の根幹であり、現実の家庭生活に根付いている。つまり、現実生活に埋め込まれている。だから支配側にいる男性はもちろん、被支配側にいる女性も制度の根本にこれがあることを問題視できなくなっている。そのことはあとで述べる娘たちの困惑はつながっているのである。

主婦フェミニズム

敏江さんと路子さんにはもう一つ共通するところがある。路子さんは書道塾やキリスト教を通した文化活動を、路子さんは様々な市民運動をともに主婦業の傍らかかわってきた点だ。思うに、二人とも主婦という家庭の中での閉ざされた領域で家事をやるようになって、「この世界だけで生きていっていいのだろうか」という疑問がふつふつと湧いてきたのではないだろうか。家庭内だけでエネルギーを使い尽くせなかったともいえる。エネルギーの使い道だけではなく、戦後女性の多くが主婦になっていったとき「これからの新しい世の中で、どのように生きていったらよいのだろうか」という、求道者のような気持ちを抱く人は少なからずいたのだと思う。そういった彼女たちのエネルギーや気持ちの受け皿が様々な文化活動や市民運動だった。これらが日本社会に及ぼした影響はとても大きい。

が、そこには問題がないわけではなかった。路子さんに聞くとフェミニズム運動というものにかかわったことはないし、主婦の立場で活動していることに不自由や疑問を感じたことはないという。家父長制とは市民運動を妨げるものではないようだ。主婦たちの活動は時には女性の権利や自由を主張しながらも、家事役割を否定せず、むしろそれらをきちんとこなしたうえで「家庭に支障のない範囲で」行うものだった。このような運動の在り方を「主婦フェミニズム」[ii]という。この運動は自由時間やエネルギーのある主婦の地位を生かしたもので、80年代はことに高学歴で中産階級の主婦に支持されてきた。だけど、主婦が担っている以上第一は「家庭」であるから、それをおろそかにしてまで活動することではできない。だから何事も徹底したものにはなりにくい。

80年代、世界の潮流は女性が独り立ちしたうえで権利や自由を主張する方向にあり、性別分担を否定したうえでのフェミニズムだった。が、日本の主婦の活動は夫に「養われる」ことを前提にした活動に終始した。「日本のフェミニズムは主婦フェミニズムだったからうまくいかなかった」と指摘されるゆえんだ。夫に「養われている」のだから、夫の扶養範囲内で、家庭を犠牲にしない中での活動になるのは当然のことだ。祖母世代の主婦たちの活動は頼もしく考え方はリベラルなものだったが、拠って立つ土台は家父長制だ。つまり男女差別を基盤にして〈自由〉〈平等〉を標榜するという矛盾があった。多くの主婦たちはそのことに気づかなかったのかもしれないし、気づいたとしてもどうしようもなかったのである。

2、戦後民主主義家族の母と娘

「これからは女性でも自立してね」

2013年4月の暖かな日、もうすっかり陽が傾いたころ人気の少ないファミリーレストランで藤原藍さん（仮称　32歳）に会った。彼女は本書でいうところの「25パーセントの女たち」である。母親は1953年生まれだから、敏江さんの娘世代に相当し、藍さんは敏江さんの孫にあたる。にこりともしない面持ちでテーブルに着いた藍さんは、長い髪をポニーテールのように束ね、そこにさりげないアクセサリーをつけていた。華奢な身体には太ももがすっかり見える黒いショートパンツにゆったりしたシャツを着ており、なま足にはかなり高いピンヒールのやはり黒のパンプスを履いていた。さっとパウダーをはたいた程度の顔はチークもルージュもつけていない。耳にはラオコーンを模ったメタルなピアスが下がっていた。服装はギャル風、だけど生き方はとてもシリアスで真摯、さらにいうなら理数系に強い理論派だということが、話を聞いているうちにわかってきた。彼女は自分自身のこれまでのライフヒストリーを母親との関係を織り交ぜながら話してくれた。その話は優に4時間に及んだ。

私は関東地方のとある中都市で両親と3つ年上の姉の4人家族として暮らしてきました。私が小学校低学年くらいになったとき父親の両親と同居するようになりました。なぜ同居をはじめたのかは聞いていません。母は市役所勤務の公務員で、結婚後もずっと共働きでした。普通に勤めながら私たちを育てているその様子から、子ども心にも母の自己犠牲の上でようやく成り立っている生活だとわかりました。特に父の両親と同居してからというもの、母は辛いなかで我慢をしているのだというのがとても感じられました。もしかしたら私がいることが母の邪魔になっているのではないかと勝手に思い、一人で悩んだりしていました。

母は私たち姉妹に「女だってこれからは自立するのよ」と言って育てたので、私はそのフェミ的な母の考え方にシンパシーを感じてきましたし、きっとそのようになろうと思ってきました。やがて私と姉は首都圏の大学に進みました。大学時代から8年間というもの、姉と一緒に暮らしたのです。二人で暮らしていればどちらかが食事を作って待っているなど合理性はあったのですが、いつしか二人暮らしに息苦しさを感じるようになりました。その息苦しさとは、姉がどこかで私を支配しているというような圧迫感でした。私が働きはじめて2年たったとき、二人暮らしを解消しようと提案しましたが、姉はとても反対しました。母も交えて3人で話し合いもしましたが、物別れに終わりました。結局私たちはそれぞれでアパートを借りて別々に住むようになりました。

「結婚して子どもを持つほうがいいのよ」

大学を卒業した4月、就活で内定した企業に就職しました。その職場は女性が多いところでしたが、その女性たちの上にはどの部署も男性の上司がいて君臨、支配していました。その男性が必ずしも有能ではないのに、むしろ下で働く女性のなかに男性よりもずっと有能な人がいるのに、上司は男と決まっていました。学生時代の男友達もその後社会に出て会うごとに、ちょうど職場の上司の若い人版、〝小さいおじさん〟になっていてげんなりしました。そういう職場環境でこの先いったいどのくらい私は耐えられるのか、希望を持って働き続けられるのか考えると、見通しが立たなくなり。わずか3か月でその職場をやめました。

そのあとは大学時代にアルバイトをしていたおそば屋さんでしばらく働き、その後洋服お直し業の会社に移りました。どちらもアルバイトです。洋服のお直し業も女性が多くアルバイトでも有能な人がたくさんいました。たとえば、洋服のポケットに小銭とかボタンなどが入っているとそれを封筒に入れて返すのですが、ちょっとした紙を再利用して糊付けし封筒をつくって、表にお客さん宛てのメッセージを書き添えたりするんです。そういうことをさりげなくするのですが、ほとんど評価されていませんでした。

その間「私の仕事」と思えるような仕事を探して、今のNPO法人に行き着きました。ここで働いて4年になります。本当は普通の企業でOLをしているほうが楽で安定しています。企業にはその会社の明確なイメージがあるから、そこで働くのなら自分の核になるようなものはいらないわけです。でも、私は自分が働くときの中心になるようなものを探さないと不安だったのです。アルバイトのあとNPOで働くということは、ある意味で人生を降りたことになると思います。でも、今の仕事は、お給料は高くはないのですが、これまでの職場のなかで一番自分らしいと感じられます。「正社員で年収がいくら以上でないとダメ」と考える人が多いのですが、それは幻想だと思います。そういう幻想は私にはない。私は母のような経済力はないのですが、一人でもぎりぎり何とかやっていけるくらいの力があればそれでいいと思います。

私が働きはじめたころから母は「あなたも結婚して子どもを持つほうがいいのよ」と言うようになりました。私には母の結婚や家庭生活がとても楽しそうだとは思えなかったのに、です。母は一人前の仕事をしながら子育てしてあんなに辛そうだったし、父や姑とも相当な葛藤があったのに、いったい何が本音なのかわからなくなりました。今の私だとこのお給料をもらいながら結婚して子どもを生むのは無理です。つまり「自立してね」というのと「結婚して子どもを育てて」というのは今の私では両立しないのです。どうしてこのような矛盾することを要求するのか、ずっと母の真意がわからないできました。

母は女子大生になった

母は私が大学に進むのを待っていたかのように、父と別居するようになりました。家族で住んでいた都市からちょっと離れた街に中古のマンションを買ったのです。いきなり買ったのではなく、母はもう長い間別居を考えていたようで、マンション探しも10年くらい続けていたといっていました。新築でなくてもいつ建てたのか、どのような会社が建てたのか、ロケーションはどうかなどいくつもの条件をクリアすれば中古でもいいマンションはあるのだそうです。母は相当研究したみたいで、築25年のマンションを一括購入したと言っていました。

別居の原因は舅、姑とうまくいかなかったことです。私たちが家から出て行ったのをきっかけに別居に踏み切ったのだと思います。母は父の両親だけではなく、父の兄弟の小姑からもいろいろなことを言われていました。私がまだ小学生のころ、時々小姑が私たちの家にやってきて母がお風呂の掃除をしていないこと（キッチンは別々だったのですが、お風呂は父の両親と共同だったので）を責めるのです。働いている母が父の両親の時間帯に合わせてお風呂の準備をするのは無理ですし、そうしたとしても一番最後に入るのはいつも母なのです。一番先に入る人が準備をすればいいのですが、小姑はそんな重労働を年取った人にさせるのはおかしい、これだからヨメという他人が家に入るとトラブルが起きるのだというようなことを必ず言っていました。それを母は黙って聞いていましたが、小姑の声が私たち子どものいる部屋まで聞こえてくるのです。その間じゅう、私たちはじっと部屋で息を殺していました。こういうトラブルの時、父は母に何の味方もしませんでした。むしろ両親や小姑の言いなりでした。母は同居生活できっとボロボロに傷ついたのだと思います。母が出て行ったあと父は両親の住む家に残り、今は3人で暮らしています。

　ところで、今年になって私は必要があって戸籍謄本を取ったのです。それを見て驚きました。母の名前が戸籍から外されていたんです。母はいつの間にか、私たち娘にも言わずに離婚していたのです。そのあとすぐに母の口から「離婚した」とはっきり聞いたのですが、なんだかとてもほっとしました。母は、今年59歳です。戦後民主主義教育というものを受けたと言っていました。母によれば若いころ結婚とは愛し合った者同士が対等な立場で誓い合うもので、そうすることで民主的な家庭ができると考えていた言います。同時に「女性でも自立する」ということを教えられ、ずっと働き続けられる職場として公務員を選び、高校卒業時に試験を受けたと聞きました。職場で知り合った父と結婚したのですが、初めは父も母と同じ考えだったようです。でも現実はまるきり違っていました。〝民主的な家庭〟というのは単なる言葉に過ぎないものでした。夫婦の収入は同じでも関係は平等でなく、家事一切を母が担当していたのに（私が共働きをしたら、家事を私が全部やるなんてとても考えられません）

そのやり方まで小姑に注意され、時には母の人格まで否定するようなことも言われていました。母と父は一緒に住みながら生活ぶりはあまりにもかけ離れていました。そういう家庭で母は自分というものを保って暮らしていくことができないと判断したのだと思います。離婚して〝自由〟になって母がこれまで受けた〝傷〟が癒されるといいと思います。

母は公務員として定年まであと1年あるのですが、この3月に1年早く退職することを決めました。4月からは首都圏にある大学の夜間に通うことにしたそうです。女子大生の1年生をはじめるのだそうです。何かを専門的に極めたいというよりも、たぶん、母は大学を出ていないので、ずっと大学生活を送り勉強したかったのだと思うのです。去年1年密かに受験勉強をして、受かったところがこの大学の夜間だったといっていました。私はそれを聞いてうれしくなって一人で母のためにお赤飯を炊きました。母はお赤飯が好きなんです。

お赤飯を炊いていた時、ふと、母は私たち姉妹に「自立」も「結婚」もどちらもしてほしかったのだ、それが本音ではないかと思いました。母にとって私たちを育てた月日は〈幸せ〉だったからだと思います。

今の私はと聞かれたら、結婚したくないです。でもするかもしれません。結婚の〈欺瞞〉に騙されたくないのです（彼女は、結婚に騙されたくないと繰り返し言い、騙されないとは誰にどのように騙されないのかうまく説明できないとも言った）。結婚するのは地獄です。だけどしないのも地獄です。同じ地獄ならしない地獄を選びたいです。子どもは生みたくありません。でも生むかもしれない。子育てはしたくありません。でもするかもしれません。

母から娘への財産

藍さんのモノローグは「結婚しない地獄のほうを選びたい」という言葉で終わった。語っている彼女は終始何かに怯えたような憂いを含んだ瞳のままで、明るく声を上げて笑うことはなかった。その表情にはお母さんへの強いシンパシーといたわりが現れていた。「私もお母さんのように自立した女性になりたい。いつかは自分で自分をなんとかできる身分になりたい」という思いだ。が、一方でその表情の裏には「どうしてお母さんは愛してもいない男と結婚し、一緒に暮らし、子どもをもうけ、あんな醜悪な家族を作ったのだろう」という不信感と結婚に対する絶望感が滲んでいた。

藍さんのように育った家庭にいざこざが絶えず、居心地の悪さを痛感するそういう少女時代を過ごすと、次の二つの道を辿る女性が多いように思う。一つはどこかで家や学校をドロップアウトしてしまうケース。ドロップアウトした先は、男性との性的関係に安住の場を見つけることも多く、なかには「性的存在」を武器に生きることもある。もう一つは「私は絶対に幸せな家庭を築きたい」と強く念じ、早々に結婚して〝尽くす女〟になってしまうケースである（私の女子高校勤務の経験からなのだが）。ドロップアウトするケースも〝尽くす女〟になるケースも共通しているのは、男性と男社会に依存して生きるという点である。つまり共に『人形の家』のノラの領域を出ない「古い」生き方にとどまるのである。

これらのうちのどちらも選ばない、男社会を基盤にした生き方を拒否する、そして第三の道を選ぶのが「25パーセントの女たち」だ。もともと彼女がそうなるような素質をもっていた、だから「25パーセントの女たち」になった場合もある。それ以外に、育つ過程、生育環境に左右されて「25パーセントの女たち」になる場合もある。藍さんは素質も認められるが生育環境要因も大きいと思われる。生育環境で大きなウエイトを占めるのがお母さんの姿勢であった。

藍さんのお母さんは「男女平等、民主的」を青臭い話と思わず、それを実践すれば未来は開けると信じてやってきた。が、社会は因習にまみれ現実は夫すら彼女に味方せず、すっかり傷つけられてしまった。それでも家父長制に屈しないで頑張りもがいてきたが押しつぶされそうになって、別居、離婚という〝避難〟を選択した……そういう姿勢である。

……この国の多くは男女にかかわらず性別分担意識という高濃度の空気に慣れ、吸い続けている。この空気が濃いほど家父長制が堅固な社会になる。多くの人はこれを普通の空気だと感じているため家父長制という差別的現実で暮らしていることに気がつかない。女性が高学歴になっても男性と同じように稼ぐことが難しいうえに、たとえ稼いだとしても〝男女平等〟にならない。結婚すると性別分担に取り込まれ、女性は仕事と家事という二重搾取に陥り心の中で抵抗するしかなくなる。勉強を一生懸命やり、仕事も頑張ってと思う女性ほど、このことに傷つけられるのだが、周囲は彼女が傷ついていることに気づかない。この国は女性にとってリベラルを装いながら相変わらずの差別構造を維持するという残酷なシステムを基盤にしている……。

藍さんのお母さんはこのようなことを何十年となく思い続けてきた。このようななかで彼女が唯一の頼みにし、心の支えにしてきたのが2人の〝娘〟であった。娘たちに「自立してね」と言い、自ら身を持って実践してみせた。これが、彼女が娘たちに送った大きな財産である。

一方、娘たちは先進国とは名ばかりでちっともリベラルでない家庭や社会に困惑し、傷つきながら育った。育つ過程で「恋愛感情や家族愛がなくなったら、家族として暮らすことはできないのだろうか。我慢して一緒に暮らす意味はあるのだろうか」という結婚や家族に対する誰も答えてくれない問いを抱え、疑惑を植え付けられた。だから藍さんは「結婚するもしないも地獄」という思いを抱くようになった。それもまた母親が送った一つの財産である。

けれども娘たちにとって結婚や家族に関するこのような問いや思いは必ずしも〈負〉の財産というわけでなかった。というのも、彼女たちはこの思いによって挫折したわけではないばかりか、リベラルな関係にしたいと思って頑張ったのに、家父長制に取り込まれていくお母さんの大変な気持ちにたどり着き、「こんな結婚だったらお母さんのように思うのは当然じゃないか」と共感するようになったからである。痛みや思いが共有できたのは「これからは女性でも自立してね」と育てられたからである。母親の痛みや思いを共有できたこと、これも、娘たちが母親から受け取った大きな財産である。

「リベラルだけど家父長的」という表現が当てはまる点で、敏江さんと藍さんのお母さんは同類である。が、敏江さんは心に棘が刺さったままではあるが、舅に感謝し、無事夫を送るというように結婚生活に破綻をきたすほどではなかった点で、牧歌的で〈幸せ〉だった。だが敏江さんと違って、藍さん母娘は「女性も自立して」という実存的な課題を持ってしまい、社会と自分の生き方との矛盾に直面する時代を生きるようになった。さらに藍さんとお母さんとでは大きな違いが生じている。藍さんのお母さん世代は「自立」するなら公務員か教員しかない、あとは家父長制に乗った結婚しかなかった。だから対立する相手、〝敵〟は社会や家庭であり、そこに残存する家父長制であるというようにはっきりしていた。もちろん〝敵〟を倒せるわけではないのだが、何が問題なのかがビジュアルになっていた。

ところが、藍さんたち「均等法」以後の世代になると、女性も男性と同様就活し就職するなど土俵が同じになったから、結婚しても未来は開けているように見えた。さらに「あなたの好きなように」という言葉が背中を押してくれた。彼女たちは世の中に出る以前から〝敵〟がいない、攻撃相手、競争相手がいない、そういう〈自由〉な位置にいた。敵がいないから差別や格差を感じない、敵に攻撃や反撃を与える労力を弄する必要もなかった。そこで「25パーセントの女たち」が生まれた。彼女たちは誰に迷惑をかけることなく、上昇志向を持たず、肩ひじ張らず自分なりに生きたいように生きている。モノやカネ、キャリアを得るよりも、自分が満足する形で自分を高めたいと思っている。これは祖母や母世代が予測しなかった事態であり、「65パーセントの女たち」の生き方と基本的に違っている。

「一人で生きるのはイヤ」

那須久美子さん（34歳　仮称）は藍さんとほぼ同じ歳だ。やはり「あなたの好きなように」といわれて大学院まで進み、英語を専門に学んだ「25パーセントの女たち」である。その後4年間OLとして働くものの、その仕事に満足できず転職、NPOで働きはじめて6年が過ぎる。今に至るプロセスも藍さんとほぼ同じだ。大きく違うのは、久美子さんは専業主婦の母親に育てられ、三世代同居ではなくずっと核家族で育った、だからヨメ、シュウトメなど家庭内のドロドロを見ることがなかった。そのためか家族や結婚に対する失望感は薄い。色白でふっくらした頬、京人形のような唇、おっとりしたしゃべり方、にこやかで緩みがちな表情は、理屈よりも感覚、感情に左右されて行動するタイプであるようにも見えた。古着屋かエスニックショップで買い求めたと思われる淡いグリーンのコットンワンピースに、グレーのカーディガンを羽織っていた。自分に対する誇りと自信とは裏腹に、大学院まで進みながらそれを生かした道ではなく、ＮＰＯという父親が軽蔑の対象とする仕事を選んだ引け目がそこここにちらついていた。

彼女は「とにかく結婚はしたいです」ときっぱり言った。どうやら久美子さんは成人するまで世の中では何の苦労も不幸も味わうことなく、のびのび育ったようだった。社会に出て初めて、理不尽や不条理というものを味わい、そのプロセスで「25パーセントの女たち」になっていった、そういうタイプである。

「私はこれまで自分のためだけに生きてきました。その間、10年近く一人暮らしをしています。でも、自分のことばかりやっているのはダメだ、屈折した独りよがりな人になってしまうという気持ちを持つようになりました。なんだか精神的にぐらつき、揺れているのかもしれません。ずっとこの先も一人でいるのが怖い、そうなったらどうしようという漠然とした焦りがあります。家族がいる、ペットがいる、彼がいるというように誰かと一緒に生きるのがいい、孤独にならないために結婚したい。何十年も夫婦をやっている人から、いろんな葛藤やいさかいもあると聞きますが、そういうことも含めて結婚した人がうらやましいです」

久美子さんが結婚したい理由は「この人（愛している人）と一緒にいたい」でもなければ、「結婚して自分や両親を安心させたい」でもなければ「子どもが欲しい」でもない。「一人でいるのがイヤ、孤独になりたくない」である。この理由には自分第一の対応をする「自分第一主義」の匂いが漂う。それもこれもお追従を言わない女性たちならではの回答ではないだろうか。

「人生の問題を共有できる関係でなければ……」

久美子さんの話は続く。

「最近付き合っていた彼と別れました。3つ年下で、派遣社員でした。話が合うし一緒にいて楽しい人だったし、尊敬できないというのでもありません。それなのになぜ別れたか、ということですよね。付き合っていくうちに彼との結婚は考えられないと思うようになりました。私はこれまでいくつか転職して、ようやく自分らしい仕事ができる今の職場に巡り合ったのです。だから結婚しても自分のやりたいことはずっとやり続けたいのです。彼はというと派遣社員の仕事に満足している、そういう意味でとても子どもなんです。非正規労働が問題というのではないのです。私もそんなに高いお給料ではないけど、2人で働けばやっていけると思います。ただうちの両親はこのことを理解してくれないでしょう。両親とも正社員幻想、年収幻想を持っていますから。親をクリアできれば非正規労働男子との結婚はありです。

結婚する上での私の問題は彼の雇用ではないのです。人間は生きていくうえでいろいろな問題を抱えるでしょう。結婚する人とはそういう人生の問題を共有できる関係でありたいのです。彼と結婚するには、彼がこのとこがわかる人になるのが必須です。でも、そのためには今の彼を一から育てなければならない、そうすると何年かかるかわからないです。私はもう34歳です。彼にそういうテマヒマをかけていられない。私が育てなくても、このことがちゃんとわかる人でなければと思うのです」

藍さんは結婚そのものを疑い、久美子さんは従来型の結婚を考えていない。が、二人の違いはさほど大きくないだろう。久美子さんが結婚相手に望むのは雇用と就労、つまり経済力ではない、非正規労働男子でもいいという。結婚相手を雇用や就労で見ないということは、この人と結婚したらこのようなメリットがあるというように人間を費用対効果で捉えないということだ。この見方は婚活的視点、社会の常識的態度とはズレている。もはや彼女たちは既成の〝結婚〟という服を着ることを望まなくなった。この心理はとても重要なのだが、同年代男子はこのツボを知らないのではないだろうか、それはとても残念なことだ。

久美子さんが結婚相手に望む第一の条件は、外見でなく、職業でなく、もちろん稼ぎ高でもなく〈人間性〉だ。どのような人間性かと言えば、彼女のこれまでの仕事、やってきたこと、これからやりたいことなど自分というものを保ちながら、そういう彼女に共感し、受容し合える関係性、〈人生の問題を共有する関係〉が作れる人だ。この結婚観は「自分第一主義」から来たもので、彼女の祖母や母世代は望むこともなければ果たすこともなかった。もちろん「65パーセントの女たち」の結婚観とも違う。

先にも述べたが私が知りうる範囲だが、若年女性の多くは、いやほとんどといってよいくらいがフェミニズムに関心がないし信頼もしていない。それはなぜだろう。〝フェミニズム〟を「女性解放主義」と呼ぶとして、そもそも彼女たちは解放されなければならないもの、束縛、拘束されるもの、差別されるものを、それがあったとしてもまるで感じていないからだ。自分を第一に考え、30歳をいくつか過ぎるまでほぼ思い通りにやってこられた。だからフェミニズムなど必要なかったのである。

彼女たちにとって結婚は「私のこの生き方を否定せず、受け入れてくれること」が一番大事なのだ。正社員か非正規労働かは二次的な問題になっている。祖母や母の世代は夫に、舅に家庭や家族に因習に従う結婚、つまり家父長的結婚だったのに対して、彼女たちは舅、姑も家父長制も差別も格差も、どれもこれもがはじめから結婚から排除する用件に入っていない。「自分第一主義」に立てばこれらすべてはその射程範囲から外れるからだ。

彼女たちが「自分第一主義」に立ち続け、〈人生の問題を共有できる関係〉の相手と結婚するなら〝リベラルであれ〟と言わなくても、家父長制はなし崩し的に壊れていくだろう。彼女たちのサイレントな行動が家父長制を崩していくということだ。

3、「25パーセントの女たち」の憂うつ

フェミニズム、その先へ

――民主主義もフェミニズムも日本の家父長制を乗り越えられなかった――

藍さんと久美子さんという娘世代の話を聞くに及んで、私はこのことを強く実感した。

藍さんのお母さんは民主主義という理想主義、合理主義の考えを持って結婚にのぞんだ。が、それは家父長的近代家族の前にあえなく壊れてしまった。娘たちに「自立した女たち」という民主的でフェミ的考えと「結婚」という家父長制は両立しない現実を見せつけてしまったし、「結婚」というものが母の犠牲の上に成り立っていることを露呈してしまった。さらに娘たちは親世代の夫婦、家族の隠しようもない〝醜悪さ〟にすっかり心を傷つけられてしまった。それは仕方のないことである。そ

のうえでそれでも母は「自立した女たち」と「結婚」という矛盾を娘に押し付ける、それをせずにはいられなかったのだと思う。しかし、娘たちは矛盾を矛盾と感じ、「おかしなことだ」として母親の生き方に疑惑を抱いた。けれどもおそらく母娘は〝醜悪な〟家父長的家族という家で暮らしをともにし、その現場に居合わせた。そのときの体験を通して臍帯(へその緒)で結ばれたあの時の延長線上のような一体感を確認したのではないかと思うのである。本質的に娘は母に疑惑を抱くことはなかった、なぜなら彼女たちは〝子宮的感覚〟でつながっていたからだ。「愛は子宮で救われた」のだ。それよりも娘たちは、フェミニズムや民主主義に隠された「女の自立」という言葉の嘘偽りを嗅覚で嗅ぎ取ったのではないだろうか。

——フェミニズムによって私たちのこの状態は救われるものではない——と。

フェミニズムの虚偽を嗅ぎ取った後、彼女たちがどうしたかといえば、自分第一主義をさらに進化させたのだと思う。どのような点が進化なのかといえば「結婚は関係性を作ること」と言い切っていることだ。さらに久美子さんは結婚を考えるなら彼を育てなければならないけれど、そんな「テマヒマはかけていられない」と言う。が、それは決して高飛車なのではない。いま、若年女性にたいして「生め」といいながらちょうどいい時期に生ませない社会になっているし、「働け」といいながら結婚したら働かせない、働けない社会になっている。若年男性は「働く」ことでへとへとになり、収入が上がらないことで結婚できないし、子どもは作れないと思っている。

そんな時代のなかで、「25パーセントの女たち」が思いいたる到達点がここなのだ。それが「いい関係を作って一緒に生きていきましょう」というラブコールになっている。「男はいくらでも代えがある」「自分に都合のいい男でなければダメなのよ」と切り捨てているわけではなく、できれば「育ててあげたい」というところに彼女たちの寛容さがにじんでいる。そうだからもはや結婚に「赤い糸」だとか「ロミオとジュリエット」といった幻想は抱かないのである。

女性が一番輝くとき

ところで最近、ネットのあるサイトを見ていたところ、ある女性の気になる投稿が目に留まった。この女性はその時臨月というから誰の眼にも妊婦さんだとわかる姿かたちだったわけだが、投稿文の要旨は次のようだった。

「私は臨月なのですが、先日乗った電車が混んでいて座れなかったのです。が、親切な方が席を譲ってくれました。ほっとして席にすわろうとするとそばにいたサラリーマン風の男性がすかさず私に〝甘えるな！〟と怒鳴るように言い、とても傷つきました」

一見するとなんでもないどこにでも転がっていそうな話だ。妊娠は病気ではないが、臨月の時混んだ電車で気分が悪くなった経験は私にもあるし、このような心ない言葉を大変な状態の人にぶつける人だっている。では何が気になったのか。それはなんでもないどこにでも転がっていそうなこの話を、女性はなぜわざわざネットに投稿したのかというその理由だ。思うに、この女性はことの一部始終を投稿して誰か、不特定多数の同情や共感を得ないではいられない、それほど傷ついたからだと思う。なぜなら、彼女は今人生で一番輝いているときのはずだったからだ。女性が一番輝き、大事にされ注目されるのは、結婚式でウエディングドレスを着たその時と、妊娠してお腹が大きいとき、出産し小さな子どもを育てているときだ。だから結婚披露宴では一番きれいに幸せそうに見えるよう演出に余念がないし、「お腹に赤ちゃんがいます」のバッジをつけた人は大きなお腹を誇らしく思う。だからそのお腹を気遣って席を譲ってくれた人に感謝しつつ着席するのだが、こともあろうに女性として最上の時に、最上の仕事をしている妊婦の存在を否定するような言葉を投げつけた、その理不尽さに痛く傷ついたのだ。

〝甘えるな〟と心ない言葉を投げつける人が問題なのは言うまでもないが、この投稿文には次の問題が明示されている。つまり、この国では相変わらず女性が人間として大事に扱われるときは、結婚式と妊娠、出産、つまり妻と母、そしてヨメになるその時でしかないことだ。「当たり前のコース」を選ぶ「65パーセントの女たち」はそれを受け入れている人たちで、投稿文の彼女もまたこのカテゴリーに属している。「妻にも母にもそしてヨメにもならず（なれず）、なったとしても妻役割、母役割、ヨメ役割をしない女性は社会からうとまれる、そういう女性は女としてダメなんだ」と思うのが「65パーセントの女たち」だ。対する「25パーセントの女たち」は「これらの役割に囚われない生き方こそが大事」と考えるのである。

けれども「65パーセントの女たち」を肯定する事例は新聞記事や週刊誌のあちこちで見かける。ある民間団体は、卵子提供者（ドナー）として登録する人が出てきたというところで、ドナーの卵子を受ける人（レシピエント）からお礼があったとして、記者会見を開いた。その席でレシピエントのお礼の手紙が読みあげられたという記事が載っていた。その手紙に次のような一文があった。

「（わたしは）子どもを授かることができないと知ったとき、主人にとても申し訳ないという気持ちがあり、いつも自分を責めていました」（東京新聞２０１３年5月14日）

この女性は母役役割ができない自分を責めていて痛々しい。「25パーセントの女たち」であれば「子どもを生めないことをどうして〝主人〟に謝らなければいけないの、おかしいじゃない」と一蹴するだろう。

また同年、週刊誌『女性セブン』では「雅子様愛子様東京駅改札口で凍りついた罵声」という記事を取り上げている。それによると3月26日から皇太子一家がスキー旅行に行く、その出発の日改札口を通った雅子妃に居合わせた60代の男性が「仮病、さぼりの税金泥棒！　皇室から出ていけ！」と叫んだという。男はすぐ警察に取り押さえられたが、周囲は騒然となった、と書かれている。

60代男性は皇太子妃を〝ヨメ役割〟を怠っていると詰ったのだ。「25パーセントの女たち」であれば「雅子サマは嫁だからということでいじめにあって、体調を崩したんでしょ。雅子サマが悪いわけじゃなくて嫁いじめが悪いんだから、そういう人たちをなんとかしなきゃいけないんじゃない」と言うだろう。

少子化の底にあるもの

当たり前のことだが、地球に何十億という人間が暮らしているが誰一人として母という女以外から生まれた人はいない。誰もが女という母から生まれている。「子を生む、母になる」などは珍しくもなんともないどこにでも転がっている話だ。この「誰だって女から生まれた」というごく当たり前の感覚がいつしか薄らぎ、先の例に見られるように母になることこそが女として最上の生き方でもあるかのような価値観が造られ、それを実践する現象があちこちで見られる。これは「お母さんは素晴らしい」と持ち上げているようで、実際は男社会＝家父長制が社会の基盤にあることを物語っている。

ここに「25パーセントの女たち」の悩みと憂鬱がある。それは同時に少子化の核心でもある。出産、子育てを「女性が一番輝くとき」と持ち上げる社会では「お母さんになることを選ぶのが賢い選択」とされる。これに従って出産、子育てに専念すると「自分第一主義」という自分を保ち続ける生き方を諦めなくてはならない。「私でいる」ことと「母になる」ことを同時にやるのがとても困難なのだ。この悩みは祖母世代にも母世代にも顕在化していなかった。だからリベラルだけど家父長的であっても矛盾を感じなかった。

これまでのことを整理すると、次のことが言えるだろう。

家父長的家族であっても少子化がそれほど進まないのは、女性が「母になること」に疑問を持たないからである。だけど女性が「自分」というものを意識し、「自分らしく生きたい」と思い、それが「母になること」と両立しにくくなった、そう感じる女性が増えたとき、少子化は進むのである。要するに現在の日本の少子化は女性の生き方と大きく関係しているといえる。

にもかかわらず、少子化を解くカギとしてこういったことはほとんど顧みられない。少子化は相変わらず国家の問題にすり替えて論じられている。第3章で述べた「生む機械」発言や、公費で賄う子宮頸がんワクチン接種という子宮管理などがそれである。

その他望ましい出産、いい赤ちゃんを生むこと、生まれたあとは間違いのない賢い子育て。そういうものが奨励され、母として一生懸命になることこそがいいこと、正しいことのようにいわれ実際それが実行されている。この風潮は次のことを容認する危険性がある。つまり2013年5月、政府与党は「女性手帳」の導入を議決した（これは事実上見送りになっている）。これは若年女性に妊娠出産の適齢期など医学的な知識、情報を認識してもらうのが目的とされている。本当に導入されたら未婚女性や出産しない女性は「正しくない存在」とみなされ、男女の役割分担はさらに強化されるということだ。

「25パーセントの女たち」は「母になること」でしか評価されないこと、母になるならそうでない自分、これまで築いてきた自分を捨てなければいけないことに納得がいかない。「25パーセントの女たち」だけでなく、そのように考える女性はこれから多分増えるだろう。育児休業、待機児童、保育所の整備以前に「母」か「自分」か、というように選択を迫られている、そういう問題があることをきちんと把握できていない。これが少子化の底にある問題だ。少子化は妊娠や出産の知識や情報によって何とかなるわけではない。当事者の若年女性が生まない、生みたくない、生めない事情や理由を抱えているからに他ならない。少子化をなんとかしたいのならその事情や理由を丁寧にほどき、解消するのは不可欠である。

【脚注】

i　上野千鶴子　1990　『家父長制と資本制』岩波書店

ii　塩田咲子　2000　『日本の社会政策とジェンダー』日本評論社

第6章

「25パーセントの女たち」、そのライフヒストリーと心理

1、稼いだお金がちゃんと残るようにしたい

「勉強すると頭が痛くなる」

第5章ではタテの時間軸から「25パーセントの女たち」が抱える問題に迫った。本章では、ヨコの時間軸、つまり「25パーセントの女たち」を同世代の友だちという関係からみていきたい。

本章の主人公は「25パーセントの女たち」である澤村由紀さん（31歳　仮称）だ。あとで述べるように彼女の高校や大学の友だちの多くは「65パーセントの女たち」になりつつある。ここではじめに由紀さんのライフヒストリーを紹介し、そののち「65パーセントの女たち」の話をしていきたい。

由紀さんの成育歴は偶然なことに前章の藤原藍さんの境遇と実によく似ていた。由紀さんは高校まで首都圏内の中都市で家族と暮らした。３つ年上の姉がいて、両親そして父方の祖父母との6人家族で育った。母親は私立高校で国語と司書教諭とを兼ねる仕事を一貫してやってきた、共働きだ。由紀さんもまた家父長的家族の中で両親や親戚の諍いを間近に見て育ち、心を痛め、戦後民主主義家族に傷つけられた一人だ。両親は離婚に至らなかったが、そこには何かしらの葛藤があったためか結婚に距離を置いているように感じられる。そこも藍さんと似ている。色白でぱっちりした眼もとの由紀さんは、緊張し同時にどこかはにかんでいるような面持ちでやってきた。まるで紙に書いてあることを

読み上げるかのようにすらすらと話しをしてくれた。

思い出す限りですが、私と姉はほとんどおじいちゃん子で育ちました。祖母ももちろんいたのですが、もっぱら祖父の世話と家事でいっぱいでしたから、保育園時は送り迎えもご飯の世話も祖父にしてもらっていました。祖父は近所の小さな子の世話もすすんでするほどの子ども好きなんです。保育園から帰るとほとんどの時間を祖父が見ている時代劇のテレビを見るか隣の子と遊ぶかで、おやつも祖父にねだればすぐにもらえるというようでした。が、両親はそれに全く干渉しないでほったらかしでした。もちろん母が毎日忙しかったということはあります。おじいちゃん子は甘やかされるというけれど、それはおじいちゃんなりに一生懸命やってくれているわけです。だから子育てのちょっとしたことでいさかいを起こしたくないという考えがあったのだと思います。子育てに無関心だと思っていたのは間違いだとわかりました。

そんな私でしたが小学校に上がると、母はまわりの子ども並みにいろいろな習い事に行かせるようになりました。それもこれもその頃はまだ学校は週6日あって、土曜日は早くても2時過ぎないと帰宅できない、だから母がいない間の子守代わりに習い事をさせたのだそうです。スイミング、ピアノ、クラシックバレエなどを姉と一緒に習いに行きました。3つ年上ですが姉は沙紀といいます。由紀と沙紀なんて一字違いの紛らわしい名前なので、よく間違って呼ばれるんです。姉はスポーツも勉強も私よりもずっと優秀で、特にピアノは力を入れていました。私はどれもこれも中途半端で、一番自分に合っていたのはクラシックバレエだと思います。勉強はあまり得意ではなくて、中学の時母から姉と同じ高校に行くように言われとてもプレッシャーでした。姉の通う高校はその地域では「優秀」といわれる進学校でしたから、私は相当頑張らないと入れないところでした。でも、何しろ問題を解こうとして机に向かうと、本当に頭が痛くなるのです。今でも難しい本を読んだり、議論を聞いたりすると頭痛がします。それでも何事も物事は形が大事だから形から入ろうと思って、机に向かい勉強しているふりをしていました。結果としてその高校にぎりぎりで入ることができました。

「入試は全部落ちました」

私が高校に入って2年になろうとする4月、祖父が亡くなりました。もともと腎臓が悪かったと聞いています。お葬式は4月初めの桜の花が満開のころでした。葬儀場の周りも桜の並木で真っ白なほど咲いていたのを覚えています。そこで姉は周囲がびっくりするくらい大きな声を上げて泣き出しました。姉も私と同じくらい祖父にかわいがってもらったのです。喪服を着た母が「桜の季節に死ねる人はいい人なんだって。私も死ぬときはこんな桜の季節がいいわ」と言って西行法師の歌を教えてくれたのです。「願わくば　花のもとにて　春死なん　その如月の　望月の頃」というあれです。祖父が亡くなった後、私たちは祖父が建てた家に住んでいたのですが、その家と土地の相続について父は兄弟と話しがこじれてぎくしゃくしてきました。祖母はその話を聞くとおろおろするばかりだし、母は自分には相続の権利はないから話し合いに加われないというし、父の兄弟は私たちがずっと暮らしてきたこの家をみんなで等分に分けるのだというし、その話は際限なく続きました。だから一刻も早くこの家から出ていきたいと思うようになりました。

私がようやく家を出ることができたのは大学に入ってからです。高校は誰もがみんな大学に行くことを疑わないところだったので、私もそれに押し流されるように受験生活に入りました。だけどいったい大学で何を勉強したらよいのか見当もつきませんでした。その頃の私はこの先何をしたらいいのかなど全く思いも浮かばなかったからです。母に言われるままに首都圏の私大の文学部をいくつも受けましたが、全滅でした。ちゃんと勉強していなかったから当たり前ですよね。不合格の通知を受け取るたびに「ああ、私ってダメな人間なんだ。この先どこにも行けないんだ」という挫折感でいっぱいになりました。私が人生で初めて味わった大きな挫折だと思います。

3月も半ば過ぎになってようやく何次募集か、まだ間に合う大学の学部を見つけて何とかそこに決まりほっとしました。その時はもうどこの大学でも入れたらいい、家を出ていけたらいいとそればかり考えていました。

大学に入って一人暮らしをはじめました。私が新たな暮らしをはじめたころ、両親も相続でごたごたしている実家を離れ、市内の別のところに家を買って暮らすようになりました。大学近くにあるそのアパートには、別の大学に通う同年齢の学生も住んでいて仲良くなりました。高校とは全く違う世界になってとても解放された気分になれました。そんな友だちに誘われて、合コンにも行ったし、そこで彼もできました。私にとって初めての彼です。私が知らないことをいろいろ知っている大人びた人だったのですが、ある時急に私に近寄って乱暴なしぐさに出たんです。私は驚いて咄嗟に彼の顔にげんこつでパンチを食らわしました。彼は私にこっぴどく殴られて一瞬ひるんだんですが、何も言わずに立ち去りました。こんなふうに急変する人は本当は何を考えているのかわからない、危ないじゃないですか。

「男だってメイクするんです」

大学では教育実習に行って教員免許も取ったし、卒論も書くというように一通りのことはしました。でも、教員採用試験も受けず、就活もしませんでした。大学では就活のためのいろいろな講座があったのでいくつか出たのですが、私にはぴったり来ませんでした。というよりもOLになって仕事をすることが合っていないと感じました。4年生の冬、いつまでも卒業後の進路が見つけられない私を心配して、母がアパートを訪ねてきました。卒業後どうしたいのかと聞かれました。そこで初めて私っていったいどうしたいんだろうって自問自答したのです。いったい何をやりたいんだろう、何が向いているんだろうということを22歳にもなってから考えるなんて、まるで高校生ですよね。

それで出した結論が美容学校に行って美容師になろうということです。急に思いついたわけではなく、以前からぼんやりと考えてはいたのです。母は驚いていましたが「あなたがやりたいのならそうしなさい」と、一緒に美容学校まわりをしてくれました。多分母には私の向き不向きというものがよくわかっていたのだと思います。美容学校は2年制ですが、短大と同じくらいのお金がかかるので、大学に6年行った勘定になります。両親はよくそんなお金を私に出してくれたと、感謝しています。美容学校へは自宅から通えるところを選びました。同級生は高校を卒業したばかりの18歳で、みんな私よりより4つ年下でした。3月の終わりに2泊3日の合宿があって、そこで健康診断からはじまって、美容師の心得までを教えこまれました。美容学校は生徒のうち男子が3分の1くらい占めていたように思います。

授業では頭部だけのマネキンを買って、その髪の毛にカーラーを巻くことから始めました。調髪技術だけでなく、美容に関することなら何でもやりました。カラーコーディネイト、ネイル、エステ、リフレクソロジー、メイクアップ、アロマテラピーそれから着付けや接遇というのもありました。ネイルやメイクアップの実習は二人一組になってお互いの爪や顔にメイクしたりするんですが、相手が男子になることもあります。男子だということで偏見はないのですが、爪も肌も女性とは違うのでやっぱりやりにくいところはあります。夏休みには学校で推薦する美容室に行って、何週間も実地で研修しました。

たった2年の勉強ではお客様の髪の毛をカットするまではとてもいきません。みんな見習いつまりアシスタントという形で就職していきます。私は調髪だけでなく、ネイルやエステ、着付けもトータルに提供するサロンに就職しました。これからは髪の毛だけでなく、お客様のニーズに沿っていろんなサービスが提供できる美容師でなければと思ったからです。そのサロンは一応の勤務時間はありましたが、結婚式の着付け予約が早朝に入ると朝6時出勤もあります。閉店は8時ですがそのあと掃除をしてミーティングをして、新しい技術習得などの練習をします。だから帰宅は早くて夜11時くらいになってしまいます。

「どんなふうに働いたらいいんだろう」

4月に就職したそのサロンでは、夏を越すことができませんでした。就職してからまた一人暮らしをはじめましたが、8月の終わりごろ、自分の身体が「限界だ」と叫んでいるのがわかりました。ほとんどの日の勤務が朝8時から夜11時過ぎまでなので、まともに食事を作る暇がありません。お昼はお客様がすいた時に従業員用の狭い休憩室で食べますが、皆ほとんど立ったまま手で食べられるパンとかおにぎりを短時間で食べるんです。朝起きて疲れたまま職場に行って、また遅くまで働いてというなかで、とうとう起き上がれなくなりました。胃だけでなく背中や首や腕などがパンパンに膨らんでしまい、何日か寝込みました。その時、これで職場にまた戻ったら死んでしまうかもしれないと感じ、恐ろしくなりました。もちろん、この働き方で何年もやっている方もいるんですけど……。母が心配してきてくれて、食事を作ってくれてようやく我に返った気分でした。

9月に入ってそのサロンをやめました。そこは正社員として入ったので、やめる決心をするには迷いもありました。やっぱりいろんな保障がある働き方でなければいけないと思っていましたから。だけど「死ぬくらいならアルバイトのほうがずっといいでしょう」と母に言われて気持ちが決まりました。これからはアルバイトだけで何とかつないでいこうって決めました。それでファミレスの店員、大学の図書館の司書（司書の資格を持っていましたから）、クイック・バーバー（10分くらいで調髪をする店）、あとはタイ古式エステのお店でエステをするとかいくつかアルバイトをやってぎりぎりで暮らせるようにしました。お金はないけど時間にも気持にもゆとりができて、安いスーパーを見つけて野菜を買うなど、食事も工夫しました。10月になって「頭蓋骨矯正（クラニオパシイ）」の勉強をはじめました。この資格のためには解剖学の勉強も必要で、資格を取るのにまたまたお金がかかりました（両親に頼んで出してもらいました）。美容師でも何か特徴のある技術を持っていたほうがいいと、直感で思ったからです。勉強が好きではない私がこんなことを言うのもなんですが、必要だと思う技術は身につけないとダメなんじゃないかと……。

それから1年くらいして頭蓋骨矯正ができるということで、別のサロンに就職しました。就職のとき時給950円にするか、取り分が5割の指名制にするかどちらか選ぶように言われました。指名制だと1万円払ってくれるお客さんに指名されたら5千円が手取りです。だけど誰も指名客がなければその日はゼロです。反対に時給制だとどんなにいいお客さんがついても950円しかもらえません。どちらにしてもオーナーは損しないようにできていて究極の選択ですが、やっぱり時給制しかないですよね。この時給だとどんなに働いても20万円稼ぐのは本当に大変です。そのサロンは、私以外は主婦でパートの方ばかりでしたから、月収10万円以下でも構わないのです。私は一人暮らしをしていましたから生活を維持させ、ときには服を買ったり旅行に行ったりしたいのです。そうするとこの働き方ではいくら続けてもどうしようもないことがわかってきました。

それではいったいどんな働き方ならいいのか、そのサロンに2年半くらいお世話になりながら考えました。出した結論は、自分でお店を出すしかないということです。

「私って、同調性がないのかもしれない」

この結論を出したもののなかなか実行に移せませんでした。母が「自分でお店を出すのが一番いいわよ」と強く背中を押してくれたことが大きかったです。誰かが言ってくれなければとても決心はつけられなかったと思います。お店を出すといったら資金もいるしお店も探さなければいけない、ということになります。だけど私にはそんなお金はありません。美容院に勤めている方の多くは、特に男性は自分のお店を出すのが〝夢〟だといいます。だからお店を出せたらすごいということになります。だけど私は〝夢〟のために出すのではないのです。そこのところをわかってもらうのが難しいです。

誰かに使われていたらちゃんと働いても食べるだけでぎりぎりくらいしか稼げない、それはいつまでたっても変わりません。だけど現実には生きていかなくてはいけない。それなら自分で稼いだお金がちゃんと自分の手に残るようにしたい、それには自分がオーナーになるしかないというのが理由だから、モチベーションとしては後ろ向きかもしれません。

そう決めた後も場所はどこにしようか、住むところと一緒にしたほうがいいか、別のほうがいいか、どんなメニューが出せるだろうかなどいくつも悩みました。どんなロケーションがいいかいろんな駅から周辺を歩いてみたり、不動産屋に行って物件を見せてもらったり、周囲にどんなサロンがあるかを見て回ったりしました。そうこうするうちに、マンションの一室を借りて完全予約のお店で、住んでいるところとは別のほうがいいんじゃないかと思うようになりました。ようやくこの物件なら何とか借りられそうというのが見つかり、片方でアルバイトを続けながらお店を出す準備を少しずつはじめました。すっかりお店だけにするのに半年はかかったと思います。それまで勤めていたサロンのオーナーにも断らなくてはいけないでしょ。やっぱり、同業者だからとても言いにくかったけれど、なんとなくわかってしまっていました。

ホームページも作ってそこにメニューや写真を載せて、ネットにもお店の宣伝を載せました。それでぼつぼつお客様ができて、こういうのは口コミが大事だからお客様がまた別の方を紹介してくれるというように、ちょっとずつ増えてきました。だけど、OLみたいに毎月必ずこれだけのお金が入るというように決まっているわけではありません。今月はよくても悪い月もある。それでも、アルバイトで雇われているときよりもずっと収入は増えましたし、自分の工夫次第でメニューも作れるからそういったストレスはないけれど、まだまだです。誰かを雇っているわけではなく、自分一人でやっているので自分の身の丈に合ったやり方にすればいいし、たくさん稼ごうとか、競争に勝ってお店を大きくしようなどと思わなければいいのだと思っています。

今ごろになって大学の時なぜ就活をしなかったのか、ようやくそのわけがわかってきました。人間って自分のことは自分が一番わかっている、というけど必ずしもそうじゃないですね。多分、私は今の世の中についていこうという協調性というか同調性があんまりなかったのだと思います。自分で好きなようにやりたいという、世の中に従順になれない人間なんだと思う。就活をしてOLになったらそのあとはおヨメさんになるしかないでしょう。こういうお店をやっていくうちにそういう自分の気持ちに気がつきました。

「古い家族観」に共感しない動き

由紀さんのライフヒストリーはおよそ以上だった。

彼女は「好きなようにしていいのよ」という母親の助言のもと、自分に合う仕事、働き方を五里霧中でやってきた結果「当たり前のコース」から外れていったのである。そして第5章の藍さんと同様、生育する中で「25パーセントの女たち」になっていったタイプである。

彼女たちで共通しているのは「古い家族観」に基づいた結婚ができないことを自覚し、〈専業主婦になることが幸せ〉という考えに同意できない点である。多分〈専業主婦は幸せ〉という考えは、誰かが作った幸せ感だと思っている。だからその枠に入ったとしても、本当の幸せとは無関係だし、それを幸せと思うのはどこか思い込みをしているからではないだろうか、と考えている点である。

「25パーセントの女たち」は同世代の友たちや男性を現実的でシビアな目で見ている。「周囲の友だちで賃金がどんどん上がっている人は少ない。これから先上がる見込みも薄い。物価や税金や公共料金は上がるのに社会保障費はどんどん減っていく。年金支給開始年齢はいずれ80歳からになると、保険外交員の女性が言っていた。公的年金だけで食べていくのができないどころか年金そのものが受け取れない時代になるかもしれない。そうなるのがわかっているのだから、主婦になって夫の収入を基盤に生活していこうとするのはとても無理だ……」というように。

そう考える傍らで「そうはいっても」という別の思いがあって、気持ちが揺れている。

「だけど結婚はしない、家庭、家族も作らないとすればこの先何を、誰を頼りに生きたらいいのだろう。いつまで今の仕事が続けられるだろうか。今の生活はいつまで維持できるだろうか。もっと年を取ったらどうなるのだろう。病気をしたら、事故を起こしたらどうなるのだろう。3日先くらいのことは考えられても、1か月、まして1年以上先のことをはっきりと想定し、計画するのは難しい。それを考えるのは精神衛生上よくない。さもないと、ほらね、やっぱり惨めでしょ、だから結婚して子どもを生んでおくほうがいい、当たり前の人生を選んでおいたほうがよかったでしょ、と言われてしまうのではないだろうか」

気持ちの上で「25パーセントの女たち」は引き裂かれた思いを持っている。この不安に対して「でもね、いつの時代だってずっと先まで見通せる人生なんてなかったのよ。定番の結婚、定番の家族というものだって、ここ何十年かの間に作られて、みんなそれが〝正解〟だと思わされているだけじゃないの」と助言してくれる人がいないのである。

けれど21世紀になってこの国は、うまくいっていると思われた〈近代家族〉に大きな亀裂が走るようになり、これが〝正解〟ではなくなってきた。単身や夫婦だけの世帯、母子家庭の増加、少子化の進行などなどだ。亀裂を修復しようと、政府自民党は憲法24条の改憲を企て、その草案に「家族は互いに助け合わなければならない」と昔ながらの「古い家族観」を蒸し返した。自民党がいう「家族が助け合う」とは女性が母、妻、主婦として家中心の生き方をして、家族のために犠牲となることだ。言い換えるなら「おとなしい女に」戻ることを指している。これを訓示として憲法に盛り込もうとしている。

だけどこの「古い家族観」に共感しない人は少しずつではあるが確実に増え、世の中の空気は憲法草案とは反対の方向に向かっている。

２０１３年９月、「婚外子の相続差別は違憲である」と最高裁が判断した。同月には出生届に嫡出子か非嫡出子かを記載するよう義務付ける規定が、憲法違反かどうかが争われている。さらに同年12月に入って性同一性障害で性別変更した男性が、第３者から精子提供でもうけた子どもについて最高裁が嫡出子と認める、という判断をした。「婚外子を差別するべきでない」「法律婚による家族だけが家族ではない」「血縁関係がなくても嫡出子として扱うのがいい」という世の中の動きをあらわす出来事だ。この動きの背景には事実婚を受け入れてもいいではないか、もっと開かれた家族のほうがいいではないかという人々の思いがある。女性はこう生きなさいというタイトな社会ではなく、もっとゆるく生きやすい家族のほうがいいと感じる人が増えているということだ。

このような動きのあることは「25パーセントの女たち」にとって大きな味方だ。「古い家族観」に沿った生き方は閉ざされた人生になる、それはイヤだ、自分第一主義で生きたいと考える彼女たちが生きやすい社会の実現は、決して〝夢〟ではないように思われる。

2、「65パーセントの女たち」への違和感

だんだん気の合う友だちがいなくなる

一連の話しが終わった後しばらく雑談をした。その時由紀さんは高校、大学時代の友だちのことに触れ、次のような感想を漏らした。

「最近、同世代の友だちはどうなのだろう、とふと思うことがあります。ほとんどの人が『当たり前のコース』を当たり前と信じ、疑っていないんです。普通にカップルを作って、結婚の〝夢〟を抱いて、〝ゴール〟に向かって走っているんです。なかには結婚前から主婦になるのを前提に、将来の夫である彼の財布をコントロールする子もいるんです」

それを間近に見ている由紀さんは「ありえないことですよね。なぜ自分のキャリアを全部捨てちゃうの、なぜ彼にそこまで頼れるの？　ダメだよ、そこまで頼るのは。ちょっと考えればわかることじゃない」という疑問と違和感と一種の焦りでいっぱいになる。だけど、彼女はそれを言葉にして友だちに言うことができないし、まして友だちの行く末を「質そう」としても、理路整然と説得するすべを持っていないというのである。

由紀さんの友だちの話は、若者の〈いま〉をよく表していると思った。世の中は「65パーセントの女たち」が生きやすいようにできているし、社会の雰囲気も仕組みも「65パーセントの女たち」に有利なようにできている。だから、これを選ぶ女性のほうがメジャーだし間違いのない道だと信じられ

ている。そういう友だちに「なぜなの？　なぜそっちを選ぶの？」と言うことは、せっかくの〈幸せ〉に水を差すことになる。だから「本当に気の合う友だちが、また一人いなくなっちゃうのかな」と思うのだという。

由紀さんの友だちの話とこの感想は、とても気になった。そこでその後彼女の同世代の友だち４人に会って話を聞くことにした（いずれの場合も由紀さんが同席した）。

「結婚というカタチにこだわらなくていいのに」

はじめに会ったのはヒロシさん（31歳　仮称）で、小学校と中学校が同じでずっと友だちだった人だ。ヒロシさんに会うのに先立って、由紀さんは次のような情報をくれた。

「ヒロシとは家も近かったし、一人暮らしをはじめてからも時々連絡を取ってきた友だちです。考え方がドライで性格がさばさばしているところで気が合ったのだと思います。ヒロシは大学の学部とは全然違うところ、ＩＴ企業に就職しました。はっきりとは聞いていないけど、そんなに高い給料ではないと思います。

ヒロシは2年くらい前の9月に、急に結婚したんです。会社関係でバーベキューをやったときに出会った女性で『ほんわりしたとてもかわいい人だったから』と言っていました。だけど、その年の年末にはもう別居していると聞きました。

そのころ私も自分のことでいっぱいだったので、どうしたんだろうと気になっていても会う機会がありませんでした。今年のお正月過ぎ、ヒロシから『年末に離婚した』という連絡があって、やっぱりそうなったのかと思い、春になってようやく話を聞くことができました。ヒロシは気落ちしていてお金もなさそうな顔をしていました。実際お金がないことがわかりました。ヒロシの話を聞いて、今どきの若い人ではよくあることかもしれないと思いました。ヒロシの彼女とは一度だけ会いましたけど、友だちにはなれないと思いました。だけど、彼女のように結婚はカタチをちゃんとしたいと思うほうが普通です。私は、結婚はカタチに入ることだとは思っていないのです」

ヒロシさんは長身で痩せ形、どことなくシャイな雰囲気の人だ。彼の話はおおよそ次のようである。

オレは実際にその場面に出くわすまで結婚式とか結婚生活というものについて、まるきり考えたことがなかった。だから、結婚費用というのがこんなにかかるとは知らなかった。500万円くらいかかったと思う。自分で200万円出して彼女が100万円出した。あとはそれぞれの親から100万円ずつ借りたんだ。結婚してからその費用について彼女と話した時、自分は「親から借りたから返さなければ」と言ったのに対して、彼女は「あれは親からは貰ったお金でしょ」という認識で、まずそういうところから感覚のズレと意見の食い違いが出てきた。それと同時に彼女はすぐにでも子どもが欲しいと言った。だけど、自分はそんなに高給取りじゃないし、結婚費用とアパートを新たに借りるのにかなりお金を使った。実際結婚費用はもっと抑えるはずだったのが、式場に行くたびに彼女は「披露宴では白無垢とドレスの両方を着たい」とか「お料理のランクも上げたい」と言ってどんどん費用が上乗せになった。「素敵なウエディング」とかいって、ウエディング産業はすすめるのがすごくうまいから仕方ないのかもしれない。

彼女は契約社員で働いていたのに、結婚後すぐやめてしまった。専業主婦になりたかったのだという。オレは、本当は彼女に働いてほしかった。家事が大変なら分担しようとも思っていたくらいだ。だけど、まるきり具体性はなかった。自分一人で妻子を養っていくのがきついのはわかりきっていたけど、結婚して彼女が働くかどうするかという話はしてこなかったからね。今の仕事は一応7時までということだけど、毎日3時間くらいの残業は当たり前、だからどんなに早くても帰りは10時過ぎ。だから子どもは何百万円かお金がたまって、ゆとりができてからにしたいと自分は言った。この点は、結婚前に了解していたはずなのに、彼女のまわりの友だちはみんな子どもを生んで主婦になっている、だから私もそうしたいと言ってきかなかった。結婚式でウエディングドレスを着て、子どもを生んでやがて家も建てて主婦をやっている、そういう友だちが周囲にいてうらやましいと言うんだ。なんだ、オレはそのための収入源なのかって気がついたわけだ。

家にいて顔を合わせるたびに彼女の話は「子ども」のことになって、顔を合わせるのが苦痛でしかたなくなっていった。それで、家の中では別々に暮らして顔を合わせないようにしたし会話もしないようにした。だって、話をすれば必ずそのことになるから……。そういう生活が1年くらい続いた。その間彼女の親から頻繁に電話がかかってきて、ノイローゼになりそうだった。大事な娘をヨメに出したのに、どういうことかっていうわけで、慰謝料を請求された。確かにオレが悪いのかもしれないと思って200万円の慰謝料で何とかしてほしいといった。お金を支払ったのが年末でそれでようやく離婚できた。そのあとは電話が来なくなった。「これで縁が切れた、よかった」と思っている。

ヒロシさんと別れたあと、由紀さんは彼の話の感想を次のように言った。

「ヒロシは〝外見がかわいい〟ということで彼女と結婚したって言ってました。私も一度会いましたが、確かにかわいい人でした。でもその時彼女は31歳になっていたからすぐにでも結婚したかったみたいです。普通の会社員と結婚して、普通の主婦になりたいと思っているみたいでした。友だちもみんなそうしていたから結婚式ではあれもやりたい、これもやりたいと言っているうちに費用が上乗せになった。そのあとは子どもも欲しい、家も欲しいと言いだして、ヒロシの稼ぎ以上のことを要求したみたいです。ヒロシはそういう女性の言い分に疎かったんです。でも、子どもを作るという大事なことを、二人でちゃんと話し合う努力が必要だったと思います。友だちだから〝ヒロシがんばれ〟って言ってあげたい。だけど、それではヒロシの能力以上のことを応援することになってしまいます。それより〝結婚というカタチにこだわらなくていいんじゃない〟って言ってあげたいです」

「そんな彼について行ってもいいの？」

ジュンコさん（31歳　仮称）は高校時代の友だちだ。由紀さんは親しみを込めて「ジュンコ」と呼んでいた。ジュンコさんとは、昼下がりの喫茶室で会った。美容室やサロンに貼ってあるヘアモデル写真のような髪型をしていて、華奢で小柄、陽気で屈託のない性格のように感じられた。彼女の話は以下のようだ。

私は首都圏の私立大学を出てずっとだから、8年間ＯＬをやっています。大学に行くとき実家を離れてからずっと一人暮らしをしてきました。エコロジーに関心を持っていて、オーガニックの食材やせっけんにこだわった暮らしをしています。

付き合って4年になる彼がいますが、彼は私と同じ歳で美容師をしています。彼は私が就職してからよくいく美容室で働いていて、私のカットを担当してくれました。鋏を巧みに操ってその人の特徴をよくとらえた、私によく似合う髪型にしてくれたんです。その美容室に行きつけになって、そのうちに付き合うようになりました。私もアパートを借りていたのですが、やがて彼のアパートで一緒に暮らすようになりました。「そのうち結婚しよう」ということなのだけれど、4年間というもの口約束に終わっています。彼の店の閉店は8時ですが、帰宅は12時を回ることもあります。私も残業で10過ぎのことが多いです。夜は10時過ぎに帰ってから食事の支度をしてそれから食べることになります。そんな生活が何年も続いているため、生理不順が慢性化しているんです。

彼は今のお店では店長をやっています。オーナーが別にいて別のお店を持っています。彼は技術者兼雇われ店長ということになります。彼の目下の目標は自分のお店を持つことです。お店を出すには資金がいるでしょう。あと少しお金が貯まらないとお店は出せない。資金だけではなく、どこに出すか、どんなお店にするかも考えなければいけないのです。私は子どもが欲しいんですけど、彼は自分が出すお店のことで頭がいっぱいで、「子どもが欲しい」という私の声にほとんど耳を貸そうとしないばかりか「子どもが欲しいなら生めば」とまるで他人事のように言うんです。それでも私はやっぱり彼にお店を出してもらいたいから何事も文句を言わないし、生活はすべて彼に合わせるようにしています。

彼と付き合う前、私は由紀とよく遊んだし時には飲みにも行きました。が、彼と付き合いはじめて、とくに一緒に暮らすようになってからというもの、由紀とだけではなく友だちとほとんど遊ばなくなったと思います。先日ようやく由紀と会って食事をする機会ができました。彼がお店の従業員と3

泊の旅行に出かけていないからなんです。私は半年以上前に人気映画のＤＶＤを全巻買っていたのに、全く見ていなかったんです。そのＤＶＤを昨夜ようやく見たから、由紀とはその話をしました。彼と一緒にいるときに見るのが悪いと思うから、見たいＤＶＤも遠慮して見ないんです。テレビは彼が見たいものに合わせています。

私は年内をめどに会社を辞めて本格的に結婚の準備をしたいと思っています。会社は結婚したらやめなければいけないという決まりはないし、働いている人もいます。だけど私は「寿退職」して、結婚後はコンビニかスーパーでパートの仕事をしたいなと思っています。

後日、ジュンコさんに対して由紀さんはこうコメントした。

「まだ出してもいない、出すめどもついていないお店のために子どもをあきらめるなんて、おかしいですよね。彼は、子どもが欲しいというジュンコの気持ちがわかっていない人だと思う。ジュンコのほうも〝私が好きなＤＶＤだから一緒に見よう〟って誘ってもいいですよね。それに彼との〝結婚〟は口約束だというし、本当にジュンコのことを思っているのか疑わしい。〝そんな彼についていっちゃっていいの〟って言ってあげたいけど、思い込んでいるから無駄だと思います」

「彼の言いなりでいいのかな」

加奈さん（31歳　仮称）は由紀さんの大学の時の友だちだ。加奈さんの印象は、控えめ、出しゃばらない、思ったことの半分くらいしか口にしない、が、どことなく芯の強さを持ち、いったん決めたことはやり通す、堅実できちんとした生活ぶりの人、というものだ。彼女の話は次のようだった。

私は、大学は自宅通学でした。大学卒業時はＯＬとして就職しましたが、激務のうえ低賃金なので数年で退職し、そのあといくつか転職を繰り返し、今はパートタイマーとして保育園に勤めています。保育士の資格は持っていないので取得しようと一時は勉強していましたが、彼との結婚を考えるようになって資格取得は断念の方向です。

彼とは付き合って4年になります。私よりも二つ年下で29歳になる人ですが、どちらかといえば亭主関白っぽい人です。彼の家は地元の人がよく利用するレストランを経営していて、彼もそこで調理を担当しています。彼の両親と3人の家族経営でやってきたお店です。彼には未婚で私と同じ年の姉がいるのですが、彼と姉は折り合いがよくない。それが心配の種です。

彼の両親は彼のためにレストランをもう1軒出すことを企画しています。が、その地域は飲食店の激戦区なので出店した場合相当売り上げを伸ばさないとやっていけないのです。彼は新しいお店の準備のためにこのところ休みなしで働いています。ご両親は出店した店を私に手伝ってほしい、特に経理を担当して欲しいと考えています。でも、彼は「アルバイトを雇うから手伝わなくていい」と言っていて、それがとても残念です。私としては彼のお店を手伝いたい、そのためには保育士の資格は特に必要ないと考えているからです。どうするかは今のところ保留になっています。

私の目下の〝夢〟は都内のホテルで挙式することです。そこは若い女性の多くが知っている高級式場なんです。半年後に式を挙げるつもりで予約はすでにしてあります。遠い親戚も呼ぶことになって、その交通費や宿泊費も含め、予算はすっかりオーバーしてしまったので、いまは結婚資金を貯めています。

いま、結婚式を目標にエステサロンに通いはじめています。そこでまつ毛エクステ（エクステンションの略）をやるとより効果的だと聞かされ、施術してもらいました（まつ毛エクステとはまつ毛一本一本に何ミリかのまつ毛を付け足して、長くすることだ）。目がパッチリ見えるので、若い人から年配まで人気だと言います。1本つけるのに150～200円ほどかかるから、片方の目に20本つければ3000円～4000円、両方だとその倍の値段になります。特殊なノリでつけるそうですが、顔は毎日洗うからひと月くらいするとすっかり取れてしまうけど、取れたらまたつければいいのです。エクステをつけるのは初めてでした。私は片方に20本ずつつけたのですが、鏡で見てとても満足しました。

帰宅して私の顔を見た彼は「そのまつ毛、なんだか長すぎるよ、おかしいからやめたほうがいい」と言ったのです。単に見慣れなかっただけかもしれないのですけど、予想外の彼の言葉にすっかり気落ちしてしまいました。だけど彼の気に入るほうがいいと思って翌日同じサロンに行って、せっかく付けたまつ毛を落としてもらい、短いものに付け替えてもらいました。まつ毛をすっかり付け替えて帰ったところ、彼はおかしいとは言わなかったから、ああよかったと思いました。

加奈さんと別れた後、由紀さんはため息まじりに言った。

「まつ毛エクステは私もやったことがあるからわかります。ちょっと長いくらいでもおかしいなんてことはないし、パッと見て似合っていればいいと思う。せっかくつけたものを全部取るなんて手間がかかるし、お店の人もおかしく思いますよ。加奈ちゃんは仕事にしか情熱と関心がない彼に不満じゃないのかな、彼の言いなりでいいのかな。もっと自分に自信を持ってと言ってあげたい。彼に嫌われたくないという気持ちはわかるけど、〝私はこれでいい〟というところを見せても彼は加奈ちゃんを嫌いになるはずはない、そういう加奈ちゃんのほうがすてきだと思うかもしれないのに。あと、結婚して一緒にお店を手伝うとしたら、家でも仕事でもずっと一緒の生活で、疲れちゃうのではないか心配になります」

「女は生活のために結婚を選ぶんですね」

4人目に話を聞いたのは、由紀さんの大学時代の同級生でユリ子さん（31歳 仮称）だ。大学の学部とはつながりのない医療事務の資格を取り、総合病院で仕事に就いて6年が過ぎる。フラダンス、ウインドサーフィン、スキューバダイビングなどが趣味だ。大学時からずっと自宅通学・通勤である。彼女には付き合って3年の製薬会社に勤める彼がいる。ユリ子さんの話は次のようだ。

今年の3月、彼から年内に転勤することが決まった、転勤先についてきてほしいと言われました。実質的なプロポーズなのかも、と思いました。彼は製薬会社で研究職にあり、正確なことは聞いていないけど特殊な研究をしているらしい。その研究所のあるところが関西よりもずっと西の地区で、そのエリア以外ないと聞かされました。私は生まれてこの方首都圏エリアから出たことがないのです。関西よりも西とはいったいどこなのだろう。自分なりに仕事や趣味でいろいろな人間関係を作ってきたけれど、それらを一切捨てる決心をしなければいけないのだろうかと、不安になりました。

彼は私が当然ついてくるものと考えているけれど、首都圏内で私の生活基盤が保てるところならまだしも、全く知らない土地に行くとしたら私の生活はどうなるんだろう。それは私のいまの仕事はどこにだって代わりがいる大した仕事ではないかもしれない。だけど私にも築いてきたものがある。それを失ってまでついていくことはできない。外国に行くからついてきて、と言われたら絶対に断ります。

ユリ子さんはそう話したものの、考えた末、彼の申し出を受け入れることにしたという。由紀さんは「ユリ子は自分というものを持ち続けたいと思っている、私はそう考えていました。だけど、結婚が目の前に迫ってくると女は生活のためにそちらを選ぶんですよね」とコメントした。

3、「25パーセントの女たち」の結婚観

世の中の波に乗れない深層心理

4人の友だちに会ったあとで由紀さんは「私だって偉そうなことは言えないのだけど」と前置きしたうえで、「4人の友だちが選ぶようなライフコースを私はどうしても選べないんです。それは社会というものに同調したくない気持ちがあるからではないかと思います」として次のように言った。

「いざ結婚という話になると、みんな周りが見えなくなってしまうのかなと思う。でも、高級結婚式場で華やかに結婚式を挙げる、みたいなやり方は別に特殊じゃなくて典型的な結婚だから仕方がないですよね。みんなそれを普通の幸せだと思っているから。本当は不幸を背負うことになるのに、不幸とは思っていない。だけど私にとっては友だちだし、好きだからそう思っても言ってあげられない。言ったら終わりでしょう。

みんな彼が気に入るようにして、男を立てるのが幸せと思っているけど、まったく主体性がなくておかしいと思います。自分というものはどこにあるのかな？ と思います。自分がダメになってしまうでしょう。それで二人がいい関係になるのならいいけれど、彼とのやり取りを聞いていると関係をダメにしていると思う。

世間からすれば私の考え方のほうが当たり前でないのはわかるけど、それは仕方のないことです。同世代の友だちは親がたどった道を疑いもなく辿って、世間が提供する結婚式やそれに伴うしきたりに従って、言いなりになるのが美徳と考えているみたいです。だけどきっと10年くらいたって、すっかり子どもが大きくなったときに、それが間違っていたことに気づくんじゃないかなと思います」

由紀さんの話からわかるのは、「25パーセントの女たち」は、「65パーセントの女たち」とは違った結婚観と関係性を望んでいるということだ。一方で、第5章の久美子さんのように「一人で生きるのはイヤ」だし、そもそも人間は一人で生きられるほど強くない、誰かと一緒に和気あいあいと、できれば家族としてくらすほうがいい、という思いが強いこともわかった。が、実際には自分第一主義を保ったまま結婚生活を送る社会状況が整っていない。これが「25パーセントの女たち」にとってのジレンマである。

このようにいえば「近年、社会は女性の社会進出をどんどん進めているではないですか」という反論があるだろう。

確かにいま自民党政府も「女性が出産後も仕事を続けられる」政策を打ち出している。が、この方針には注意が必要だ。なぜなら、先に触れたことだが、政府は憲法24条に「家族は助け合う」ものという文言を入れようとし、「女性は家庭中心に生きる」の復活を企図しているからだ。「女性は社会進出せよ」といいながら「女性は家中心に生きよ」といっている。政府の提言は明らかに矛盾しているように見える。が、実は矛盾していないのだ。

「女性の社会進出」のための具体策としてたとえば「育児休業を3年間に延長」が掲げられている。しかし、3年間も休んだら出世や家計に響くという理由で不人気だ。けれど、実は3年間も育休を取ることの裏にはもっと深刻な影響が潜んでいる。3年間赤ちゃんを抱き放題とは、「3歳児神話」(3歳までは母親が育てるのがいい)を深化、強化させ、育児は女性の仕事であることを一層定着させる。つまり、「女性は家庭も仕事も両方がんばりなさい」と一方でキャリアを煽りつつ、他方で「おとなしい女」になるため精神論を植え付けている、そういう意味で両者は矛盾していないのである。つまり、女性の努力と苦労の上に維持可能な社会構築をするという、女性にとってとても過酷な方針を出しているに過ぎない。

「25パーセントの女たち」たちにはそのような国家的方針に巻き込まれたくないという思いがある。そもそも家族、家庭を女性にだけに責任を負わせてうまくいくような時代ではなくなっている。だから藍さんや由紀さんは母親を見て「夫婦平等の結婚、男女平等な働き方の結果がこれだったら、私は自分のことだけ取りたい」という思いを抱くようになった。

彼女たち「25パーセントの女たち」の思いとは、無意識かもしれないが次のようである。

「女性差別はいけない、セクハラやDVもダメだとされ、男女共同参画でやりましょうというように公明正大な世の中になったといわれます。表面上は確かに古い考え方はなくなりました。だからといって今の制度や社会には乗れないし、合わせられないのです。なぜならそれらは単にスローガンなんです。もっといえば、女性をだます言葉であって現実はまったくそうなっていないと思うのです。実際は以前と何も変わっていないじゃないですか」

このような思いを意識の深いところで一人一人が孤立した状態で抱いているのである。合わせられない自分がいけないと思う一方で、世の中の波に乗ってしまうよりも、合わせられない自分のその違和感、ズレている自分の生き方を大事にしていきたいと思うようになっているのである。このような彼女たちの深く沈んだ思いが、この国の少子化の大きな原因のひとつになっていると思われる。

このような思いに対して次のような意見がある。

「それならばもっと男性が家事をして、育児休暇も取れるようにすればいいのではないでしょうか。そうすれば女性の負担が軽減され、少子化も解消され、楽しい家庭生活になるはずです。そのためにはまずは男性の意識改革が必要なのです」

意識を変えれば行動がそれに伴ってついてくる、という意見だ。しかし、と私は思う。〈意識改革〉というスローガンほどあてにならないものはないのではないだろうか。そもそも人の意識は「変えよう」という掛け声でそんなに簡単に変えられるものだろうか。意識と行動の関係はこの逆である。意識を変えたうえで行動を起こさせるのは難しい。理念によって現実を造り出すのは難しい。本当はこの逆で現実が意識を作り、変えていく。意識など古いままでいいよいのだ。彼／彼女がどうこう思おうとまずは行動していく。つまり女並みに家事、育児を毎日こなす。そういう日々の行動の中から意識は培われ作られていくものではないだろうか。

「25パーセント」と「65パーセント」の分かれ目

それでは由紀さんと彼女の友だち、つまり「25パーセントの女たち」と「65パーセントの女たち」の分かれ目はどこにあるのだろうか。両者の分かれ目は、自分よりも世間や周囲の価値や考えに従うのがいいと考えるか、自分第一主義を通したいと考えるかという点にある。

この違いはことに結婚に対する見方、考え方、態度によく現れる。由紀さんが「友だちがだんだんいなくなる」と言っていた友だちは「65パーセントの女たち」だ。彼女／彼らは前者の考えの人たちだ。つまり既成の結婚というカタチに入り、そこで妻とか夫という役割をこなすというように家父長的近代家族に自分から当てはまっていくものだ。自分はどうしたいのか、どうするのがいいのかというように自分の内面に目を向けるよりも、周囲から〈幸せ〉な結婚をしたわね、といわれることに喜びを見出し、〈幸せな人〉とみられることで満足する。何が〈幸せ〉かは、人によってそれぞれ違う。にもかかわらず自分の内なる気持ちや本能によらず、誰かが決めた外的規範によって行動し、世間がいうところの〈幸せ〉のカタチに入らなければといけない、と思い込んでいるのである。

だから「65パーセントの女たち」のライフコースの選び方は、仕事をどうしようか、どのような仕事をしようか、誰とくらそうかなど人生にとっての大問題のほとんどを結婚によって解消させようとするのである。「結婚すれば妻や母という役割が与えられる、その役割を果たすことが人生最高の〈幸せ〉なのだ」という世間一般の価値を自分にあてはめている。女性自身が家父長的近代家族に適合していくということから、これを近代的結婚観と呼ぶことができる。近代的結婚観では先に述べたように女性は人生の多くの問題を結婚によって解消する。そうすると、子どもを生んだのちでもまともに（つまり自分のキャリアを継続的に生かして）仕事をするとか、経済力をつけるとかいうのは尊重されなくなる。夫と家族に依存するのがこの結婚の基本形だからである。

これに対して「25パーセントの女たち」はどこまでも自分はどうしたいのか、どうしたらいいのかというように自分の気持ちと価値基準にこだわるのである。誰かが決めた外的規範に頼るのではなく、自分の内なる思いに従って行動したいと思う。自分はどのように生きたいのか、どうしたら自分を保ちながらくらしていけるのかという、いわば実存的問題が大きくクローズアップしているからである。だから時にはわれを忘れた行動に踏み出すことがある。そのような行動の結果、これまで思いもしかなった事態が開けてくるものである。いうなれば「25パーセントの女たち」は行動の自由があるのだが、「65パーセントの女たち」には行動の自由がないということになる。

「25パーセントの女たち」は結婚も決められた規範に従うわけではないから、このような結婚観を現代的結婚観と呼ぶことにしたい。現代的結婚観は、仕事やくらし方など人生で派生する問題を結婚によって解消しないという特徴を持つ。結婚を人生で最も大事なイベントとも位置付けていない。結婚の第一条件は、自分第一主義的な生き方、自分のやりたいいろいろなことを妨げることがないというものだ。それはいくつかのライフイベントの中にパラレルに位置付けられ、相対化されている。結婚は人生のうちの一つの出来事だから〈しない〉選択もある。それは選択の問題だから、〈しない〉ことが必ずしも不幸にはならない。結婚で家事、育児に忙殺され、窮屈でゆとりのないくらしが必ずしも幸せとは感じていない。それら一切をしなければ時にはたいそう暇で退屈な時間が有り余るほどできるかもしれない。が、そのようなぼうっとした時間をぼんやりと過ごすほうが幸せだと思えることもある。そういう時間こそが、自分というものを保つことができる、ちゃんと生きているという実感を味わえる時間と感じるのである。

将来に不安はないのか、といわれると確かに怯える気持ちはある。が、将来とはいったいいつのことを指すのか、何十年も未来のはるか彼方のことだとしたら考えても仕方がない。それより今日かせいぜい3日後のことがわかっていればそれで十分ではないかと思うのである。「25パーセントの女たち」は、不確実な将来を考えて暗く落ち込むよりも、現実にある毎日をどうやって生きていったらよいのか、何を支えにしたらよいのか、目指す目標はどこに定めたらよいのかという問題のほうが大きいのである。

現代的結婚観

では近代的結婚観と現代的結婚観の最も大きな違いはなんだろうか。

端的にいうなら近代的結婚観は定番の家族という型に入ること、そこで妻、夫、母、父などの役割を果たすこと、つまり「型」と「役割」を重んじる考え方である。これに対して現代的結婚観は、一緒に暮らす人との関係性、ことに信頼関係を築くことが最も大事と考える。自分第一主義を保ちながらでも、どうしたら「いい関係」を作ることができるかそれが最も重要なテーマになる。「いい関係」

構築のためには定番の役割にこだわらないで、ときには排することが必要だ。つまり関係性を作ることは家父長制を崩すことにつながっていく。第3章でフーリエの「男女関係の経済学」を紹介したが、それは「馴染みの仲」「子持ちの仲」というように関係性のプロセスという段階を何年もかけて昇っていくものだった。フーリエのいう「仲」とは「関係性」のことだ。フーリエも関係性を重視していたといえる。

それでは「いい関係」とはどのようなものだろうか。この問いにはいくつもの解があるだろうが、重要なことは二人の意見がかみ合わない場合、それを話し合い、譲歩しあいながら調整していくプロセスを粘り強く持つことだ。由紀さんは友だちに対して「そんなに彼の言いなりでいいのかな」という疑問を持っていた。彼女の疑問は彼らの関係で意見が違う場合いつも譲歩するのが女性という点なのだ。「夫と妻になった以上、お互いに役割を演じる、それが結婚ってものじゃないですか、役割さえ演じていれば一緒にいて価値観が違ってもあまり関係に支障はないと思いますよ」という考え方があるが、このように役割に頼るのが近代的結婚観である。現代的結婚観とは役割にこだわらない。だから必ずしも夫（男性）の言いなりにならないというものだ。結果として意図したわけではなくても、脱家父長化につながっていくのである。

現代的結婚観は、かみ合わない点を二人で調整し、生きていくうえでの問題を共有していこうとする。一緒にいようと思うならそれらの食い違いをどこかで調整し、折り合いをつけなければうまくいかないと考えるのだ。些細なことが原因になって二人の気持ちが平行線をたどり、交わることがなくなる場合だってある。ヒロシさんが子どもを持つ、持たないで彼女と意見が合わなかったように、一緒にいて気持ちが平行線をたどることほど辛いことはない。男性にも出産能力があれば別だが子どもは女性にしか生めないこと、好みや考え方が違うこと、そういう差異は差異として認めなければならない。そのうえで一つの場面、場面でこの時自分はどのようにしたいのか、そのために相手はどこまで譲歩できるのか、別の場面では自分は相手の都合をどこまで受け入れられるのか、どこまで許容できるのかをきちんと話し合う。そして「人生の問題を共有できる関係（第5章の久美子さんのように）」を作りたいと考える。それが現代的結婚観である。

私が知るあるフランス女性（当時31歳）は日本で理工学系の仕事をしているが、彼はフランスで仕事をしている。彼とは大学時代からの付き合いだ。彼女が日本で仕事をすることが決まり、フランスを離れなければならなくなった。その時どうするかを二人で話し合ったという。その結果、今回は彼女一人が日本に来て彼はフランスに残ることにした。が、一定期間が過ぎたら今度は彼の意向を聞いて彼女がそれに従うことにしているというのだ。実際、数年のち彼がアメリカに仕事を見つけたため、彼女もまた仕事を求めてアメリカに移り住んでいった。フランスでは多くのカップルが、付き合っていく長い年月の中で双方の思いや希望を出し合って、その都度調整し双方に不満が残らないようキャリアを形成していくのが一般的になっているという。「25パーセントの女たち」はこの考え方に近いといえるだろう。

終章

〈幸せ〉に生き延びるために

1、彼女たちの可能性

生きることが現実を作りだす

友人で夫婦別姓、事実婚を実践している人が幾人かいる。男女ともにちゃんと稼ぎ自立する、どちらか一方の姓にしない、つまりは誰かに従属する存在にならず、法律で認めてもらう結婚のカタチを取らない、そういう平等でフェアな関係こそが夫婦、カップルの基盤になる……。多分そういった理念に基づいての実践だと思う。そのような実践者の一人Rさん（男性　53歳）は、数年前に離婚（事実婚だから離婚とは言えないかもしれないが）の危機に瀕した。彼は結局破局したのだが、関係修復のめどが立たなくなったと憔悴した面持ちで次のように語ったものである。

「僕らは別姓、事実婚というのを二人とも当然のことと考えていたんです。女性が自立していればガマンした結婚をする必要がない、それが先進的な関係だとどこかで思っていましたから。いま、ふりかえってみると僕たちは理念や理想、イデオロギーを現実として生きてきた。そうすればうまくいくと思ってやってきたのだなあと思う。だけど、理念や理想というものは関係がダメになるのを防ぐことができないんです。そして理念を現実として生きたときというのは〝二人よがり〟の二人だけのムラ社会を作っていたのかもしれないと思う。理念や概念を現実、事実として生きていくのはどこか間違っているのではないかな……」

「理念や概念を現実として生きてしまうのはどこか間違っている」というRさんの言葉が耳に残った。が、〈男女は平等であるべし〉という理念に沿って別姓、事実婚を実践するのは、〈夫婦と子どもがいる家族〉を理想の標準家族とすることや、〈女性の自立〉を謳うフェミニズムと根は同じだ。我々のように戦後民主主義や近代思想に染まった人間が陥りやすいワナなのかもしれない。この視点で見たとき「25パーセントの女たち」たちというのはどうもこれとは逆のことを実践している、そう思うのである。

彼女たちは理念や理想があって、それに基づいてライフコースを選択してきたわけではない。そのような理念や理想などはもともと持っておらず、やむにやまれずにその都度選択してきた。分別ある大人は、好き／嫌いという単純な感情で物事を選んではいけないと考える。が、彼女たちは「自分はどう生きたいか、どうしたいか」「何が好きで何が嫌いなのか」という感情や感覚によって「好きなように」選んできた。その日々の生き方、実践そのものが今の彼女たちの現実を造り出し、それが事実となっていったのである。そう考えると、〈真実〉というのは理想や理念のなかにあるのではなく、人間がやむにやまれず生きる現実の中にあるといえる。

その結果「25パーセントの女たち」はこれまでの社会の「標準」や当たり前のコースから外れたライフコースを生きるようになった。が、当たり前ではない生き方をすることは、閉塞した社会に風穴を開け、社会の方向性を変える、そういう可能性を持っている。また、例えば〈彼〉との関係がかみ合わない場合、「25パーセントの女たち」はそこを調整しつつ不満を残さない関係性を作りあげていくというやり方を取る。それは関係性というものに〈理想形〉があってそれに沿っていけばよいという考え方を壊すことにもなる。

25パーセントの女たちにできること

近年、就職活動に失敗して自殺する若者が増えている。就職活動がうまくいかなかったことを理由に自殺した若者は、２０１２年では１４９人とされ、２００７年の統計に比べ3倍近く増加しているのだが、そのうち8割以上を男性が占めている（20代男性で１３０人、女性19人、警察庁／内閣府の調査による）。自殺しないまでも、就活中に「本気で死にたい」と考えた人が2割もいるという（東京新聞２０１３年10月19日）。厳しい雇用環境が続き、将来に希望が見いだせない中で育った世代にとって、就活失敗のショックはかつてより大きいと分析されている。が、就活の失敗が自殺に至るもう一つの理由として正社員志向の強さが影響している。大学卒業↓正社員↓安定雇用というルートを当たり前の決められた「理想」として受け入れ、それを外してしまうことに大きな怖れを感じているからだという。また、正社員になってお金を稼ぐことが最も確実で信頼できること、それよりほかにこの社会で頼れるものがないという現実的感覚があるという。だから非正規労働者になるのは「報われない努力」「負け組」「捨て駒にされた」「非モテ」という屈折した感覚につながり、世の中にすっかり打ちのめされてしまうことすらある。

しかしこのような男性を「25パーセントの女たち」が間近に見たらどのように思うだろうか。あきれて喝破するかもしれない。当たり前のコースから外れたことで自暴自棄になった男のもろさを不憫に思うかもしれない。そして、たとえ言葉に出さなくても、次のように思うだろう。

「私は正社員というレールから外れることによってはじめて〈自由〉というものを手に入れることができました」

「人生、マイナーな存在でいたほうがリスクは少ないし、周辺のところにいたほうが世の中がよく見えることもある」

「派遣社員をハケン＝非正規労働という差別的な言葉に置き換えて受け止めることそのものが違っているわけです。もともと非正規労働は女性の専売特許だったのだから、私などずっと非正規労働でいいと思っています」

「安定した仕事を一生やり遂げ、そこから離れられないとしたらそれはある種の強制労働になってしまうでしょ。私はそれがどうも耐えられそうもありません」

「お任せ民主主義が世の中をダメにしているように、レールに乗ったお任せライフコースは自分をダメにしてしまうと思います。レールから外れたのはいいチャンスではないですか？」

「学校はイヤと思ってもいかざるを得ないし、この職場ではどうにもならないと思ってもそこにいるしかないし、政治はもうだめと思ってもそれに頼らずにいられない……。世の中そういうことって多いのではないでしょうか」などなどというように。

就活で頭がいっぱいの彼らがこのような言葉に耳を傾けるゆとりを持つかどうかはわからない。が、何十社も就活のエントリーシートを出し、たくさんのお金を使って面接を繰り返し大変な思いをしている大学生にとって、別のところに目が向いているこの言葉に耳を傾け、そこでふっと溜息をつく。これらの言葉にはそういう価値があるのではないだろうか。「25パーセントの女たち」のこれらの言葉には「就活しなくても、ほかに生きていける道があるのではないか」とどこかで思えるようになったり、自暴自棄になろうとしている気持ちを少しでも踏みとどまらせたりする、そういう力があるのではないかと思うのだ。

それにしても、右記の言葉は世間の常識とは真っ向から違うのだが、彼女たちがこのようにいえるのは何故だろうか？

おそらく就活に失敗したくないと思う多くの大学生は「自立」や「労働」「(働く) 義務と権利」といった既成の理念やイデオロギーを大事だと思い、それに従って生きるのが「いいこと、正しいこと」と思い込んでいる。理念や理想を現実として生きてしまっていると言ってよいかもしれない。だが、そうしようとすると当然、失敗することも多い。そして、その時の落胆は大きい。

これに対して「25パーセントの女たち」は理念や理想で動き、その結果NPOに勤めるようになったり、非正規労働にあえてなったり、自分でお店を出したりしたわけではない。もともと「これが正解の生き方」という理念やイデオロギーとは関係ないところで生きてきた。もしかしたら心のどこかで理念やイデオロギーはどこかウソっぽい、世の中、理念通りにはならないのにそうなると思うのは非現実的なことだと感じていたのかもしれない。それだから理念やイデオロギーに誘導されることがなかった。その結果今の状態が造り出されたのだ。もともと理念や理想はないのだから、「失敗」もまた存在せず、あるのはさらなる自問自答と多少の満足感だ。

私たちが今真実だと思っている「自立」とか「労働の義務」というのはひとつの理念に過ぎない。けれど、就活などに没頭すると「自立」することや「労働の義務」を果たすことが、あたかも人間として当然の真実のように思えてしまう。だから何十枚もエントリーシートを出すのは、この理念を実現させるためにどうしても必要なことだと信じてしまう。だけど悲惨な就活を見ればわかるように、このような理念を真実として実現させようとするやり方は間違っているのではないだろうか。実際、人間というのは毎日どうしたらうまくいくのか試行錯誤しながら生きている。そういう多くの人の実践の積み重ねが現実を作りだしていくのだと思う。おそらく公正で安定した社会というのは、日々それを実践をしている人によって作り出されるに違いないのである。そういう実践をしている人を指して「地に足がついている」というのかもしれない。

2、非正規労働男子という選択

「正社員、一家の大黒柱」は後戻りすること

第1、2章で男性の非正規労働について考えてきたが、この問題にもう一度立ち戻ってみたい。非正規労働男子の多くは「自分たちは年収が３００万円に届かない非正規労働者だ、だから女性から選ばれない」という結婚観を持っていた。彼らのほかにも非正規労働男子で、「自分は報われない仕事をしている、低賃金不安定雇用だから女性に選ばれない、結婚できないに違いない」と「愛されないボク」を嘆く人は多いのではないだろうか。

しかし、このことは本当に嘆くべきことなのだろうか。本来、嘆く必要もないのに、様々な言説、情報だけに基づいて嘆いているだけなのではないだろうか。多分この嘆きは「男が非正規労働で働く

のは悲しいこと、情けないこと」という男社会を基本にした言説の上に立っている。そこには社会の半分が女性という視点や女性はどうやって生きているのかという関心がない。女性だって色々な思いを抱えながら同じように働いていているのである。そのうえ常に女性の半数以上は非正規労働者であり続けた。身近にいる非正規労働女子をよく観察してごらんなさい、と言いたい。「女性だから非正規労働で充分」と考えるとしたら単なる性差別だが、これは差別というよりも「男は正社員になって妻子を養うもの」という抜きがたい観念が染みついているからだと思う。しかし、この観念に基づいて「正社員、一家の大黒柱」になることは、「古き良き男性の生き方を取り戻す」ことであり、時代を後戻りさせることだ。それは日本経済のこれからを考えると不可能に近い。後には戻れないのに戻ろうとして頑張るのは大きな矛盾だから、苦しむのは当然のことだ。

非正規労働、つまりパートや派遣で働くということは、多くの女性がそうしてきたように、生活時間のすべてを賃金労働にあてない、あてたくないということだ。女性たちは余った時間を家事や育児にあてたのだが、その他カルチャー活動や市民運動、ボランティア参加など幅広い活動にもあててきた。その結果、今日ちょっとした講演会や文化活動に出かければその9割近くは女性だし、カルチャーセンターの講座も旅行も圧倒的に女性が占めている。彼女たちがこの国の文化活動を支えているではないかと思われるくらい、人生の時間を楽しんでいる。

その中に男性も参入すればいいのである。過酷な労働で心身をすり減らすよりずっと楽である。できないことをやろうとするよりも積極的に非正規労働者になってしまうこと、そこで居直る、あるいは諦めることだ。非正規労働者のほうが気楽だし、楽しめると考えたほうが幸せに生きられるのではないだろうか。

子どもを生むのは「愛」より「経費」が先

非正規労働者は結婚する余裕のない者と言われ、男女のカップルになるに至らないと言われる。理由はお金がないからだ、と。ネットのサイトには「女性にとっての男性の経済力は、男性にとっての女性の美しさに匹敵する」という書き込みも見られる。

だけど、本当にそんなに単純に答を出していいのだろうか。

第2章で日本郵政に勤める30歳と41歳の未婚の非正規労働の男性を紹介した。彼らは長年同じ職場、同じ雇用形態で働き、正社員と同じ誇りを持っていた。にもかかわらず「自分たちは正社員という勝ち組ではない、だから結婚できない」と、ほぼ結婚をあきらめる発言をしていた。実際、2010年の男性正規雇用者の結婚・同棲経験率は69・9%だが非正規雇用者は27・3%で、正規雇用者の4割弱しかいない[i]。ここに男性が結婚できる大きな条件として「雇用と収入」、つまり経済力があることが示されている。そしてこの条件の基盤になっているのは、たとえ若い男女で「新しい考え方」を持っているとしても、こと結婚に関しては、性別分担カップルという「古い規範」からなかなか脱しきれないということだ。

第6章でヒロシさん(31歳)を紹介した。彼は正社員として結婚したが1年足らずで破綻した。その原因は彼が「お金がないから子どもを作れない」と主張したことだった。結婚後彼女は仕事をやめて専業主婦になった、だからヒロシさん一人で家計運営の必要経費を稼ぎ出さなければならなくなった。が、子どもを育てるという「必要経費」までは稼ぎきれないと判断した。これに対して、彼女にとっては結婚とは子どもを作ることを意味している、なぜなら子どもは結婚した「愛の証」であって

「必要経費」の問題ではないと考えたからだと思う。結果、離婚に至ったということは「結婚はお金が前提」「子どもは愛より経費が優先」ということになる。

が、この結論には見落としがある。そもそも性別分担カップルでやっていったら子どもを生み育てる経費が稼ぎだせない時代になっている。これまではともかくとして若い世代は性別分担夫婦を当たり前と考えたら出産、育児は難しい。にもかかわらず「子どもが生まれたら女性はいったん仕事をやめて子育て専業になる」と「夫だけでは子育て経費まで稼げない」という矛盾したことを同時にやろうとした。これがヒロシさんの離婚原因を作ったといえる。ということは、解決策は明白だ。結婚して子どもを生み育てたいなら、夫婦はそれぞれがそんなに大金を稼がなくてもずっと二人で働き続け、二人合わせた収入で必要経費を賄うのを前提にすればいい。そうすれば「育休が取れるのか」「取れなければどうするか」「保育をどうするか」これらは女性だけの問題ではなく、二人の問題として浮上してくる。

これもフランスの事例だが、フランスでは学生のうちからカップルとして暮らす若者が多いという。「暮らす」ということは衣、食、住の繰り返しだ。だからカップルになると例えば食事作りや掃除、洗濯はどのようにするのか具体的に分担を決めるのだという。ある日本人女性がこのようなカップルのアパートに遊びに行った。彼は留守だったがアパートのキッチンは洗ってないお皿が山のようで、お茶をいれるカップもなかった。日本人女性は見るに見かねてお皿を洗おうとした。するとフランス人女性は「それは彼の仕事だから彼が洗うまでそのままにしているのよ、だからあなたは洗わないで」と言われたという。「家庭内の仕事は基本的に分担だから、私は決して譲歩しない、そうでなければこの先一緒に暮らしていくのは難しいのよ」とも言われたそうだ。

この事例は、関係性とは箸の上げ下ろしに匹敵するような日常の生活、習慣の積み重ねであり、それを共有することによって作られることを物語っている。関係性を作るのに8〜10年かける。そのうえで子どもを生む段階に入る。そうすれば子どもを作ることは「経費」か「愛」かという二者択一にはならないだろう。一緒に暮らしても関係性を作る努力をしないまま子どもを生めば、母役割に徹するしかない。一緒に暮らすなかで関係性を作るという作業は、育休や育児費用云々の問題以前にクリアしなければならないことだし、それを二人の問題として受け止め、やり続けることが必要なのだ。

非正規労働者がカップルになるのを邪魔するもの

ヒロシさんは正社員だったから結婚できた、だけど非正規労働男子では無理でしょう、と言われる。本当にそうだろうか。

ちょっと興味深いデータがある。日本の20〜30代の結婚・同棲経験率は極めて低く、スウェーデン、フランス、アメリカなど欧米は高い。だが、結婚・同棲した者の子どもの数を見ると日本は多いのだが、欧米は少ないというものだ[ii]。なぜ日本では結婚・同棲する率は低いのに子どもの数は多いのかというと、若年層で増加している婚前妊娠の影響があるからだという。婚前妊娠の多くは「できちゃった婚」となる。子どもができても結婚しないとなれば、彼女は未婚ママになって不利だから、そういう選択はしない。これに対して欧米では若年層では同棲・結婚していてもすぐには子どもを持たず、長く一緒に暮らした末30歳くらいになって持つからだという。

欧米と日本の差をもう少しよく見てみよう。欧米の若者は20代早々、大学時代から男女でカップルになる人が多い。フーリエ流にいえば「馴染みの仲」になるということだ。そこから「子持ちの仲」になるまでの期間が長く、二人で生活や人生を共有するのだ。これに対して、日本は「馴染みの仲」になってもあまり同棲しないし、同棲は結婚や出産を前提としている。また、同棲してもその期間が短く「子持ちの仲」になったら結婚するケースが多い。欧米では若いときの「馴染みの仲」は、結婚に囚われずフェアな関係を持ち、相手との駆け引きや葛藤を経験するから大事なのだ。だが、日本では結婚も出産も前提としない「仲」そのものに警戒的なのかもしれない。日本の場合、交際がはじまると結婚というゴールを目指し、結婚は家を手に入れて子どもを作る、だからお金がかかるという「当たり前のコース」を前提にしてしまう。だから非正規労働男子はその資格がないと考えてしまうのだろう。

だけど、もし交際することが結婚を想定するものではなく、単に7～8年一緒に暮らすだけとか、子どもが一人くらいできても結婚しないとか、子どもを持たないことを前提に結婚するとか、多様な選択肢が想定されたなら、非正規労働男子であろうと何の支障もなくカップル形成ができることになる。そもそも日本郵政の彼らがいうように、非正規労働と呼ばれていても実態として常用雇用の場合も多いのだ。

「馴染みの仲」になることすら邪魔をしている原因は、一つには「非正規労働」に対する偏見である。そしてもう一つは「家があって、子どもがいて、妻が主婦をする」という「当たり前のコース」しか選択肢にないことだ。

非正規労働カップルのメリット

ところで欧米で20代の結婚・同棲経験率が高いのはなぜだろうか。20代だと日本同様欧米の若者もお金がない人が多いから、結婚・同棲をするのは少なくともお金があるという経済的要因ではない。そのほとんどは「この人と一緒にいたい」という気持ちによるのではないだろうか。これを「愛情」と呼んでもいいかもしれない。第5章で紹介した久美子さんは、結婚したい理由を「一人いるのがイヤだから、誰かと一緒に暮らしたい」と言っていた。もちろん「誰か」とは「好きな人」に決まっているが、「好きな人であれば、非正規労働男子でもいい」とも言っていた。婚活やそれを目的とした合コンなどの場合、交際相手の条件は「正社員」「安定雇用」「高収入」が必須かもしれないが、「25パーセントの女たち」が交際したい、つまり「馴染みの仲」になりたい相手の条件は、必ずしもこれに囚われていない。このような条件よりもまず、自分自身の気持ちや生き方に合った人といい関係を作りながら人生を歩んでいきたいということだ。

単なる交際にしてもやっぱり「経済」が第一という人は多いだろう。そこで、第1章で紹介した25歳同士のフィリピン人夫婦がともに派遣社員だったことを思い出そう。彼らの月収は二人とも20万円に満たなかった。これとは別にユニオンのある交流会で非正規労働同士のカップルに出会ったことがある。夫婦はともに40歳くらいで、ある大手メーカーの下請け会社で契約更新を繰り返しながら派遣社員として働いてきたという。夫婦の月収は二人ともほぼ17万円だと言っていた。二人合わせれば年収400万円を超える。これで子ども3人を育てているそうだ。経済的には子どもがいなければ、月収15万円同士でも生活は可能だ。派遣労働だとしても何十年も契約更新を繰り返すなら、安定雇用と変わらない。一定の収入が安定的に入るなら長期的生活設計を立てることができる。

世界を見回すと日本の雇用状況のほうがまだ安定しているというデータがある。2013年4月のユーロ圏17か国の25歳未満の失業率は24・4%で、4人に1人にも上る。イタリアは40・5%、スペインになると56・4%と半数以上が失業者だ。いったいどのようにして暮らしているのか心配になる。これに対して日本の失業率は8・1%と欧州の3分の1ほどでとても低い。

また、アメリカで18歳以下の子どもを持つ家庭の4割が、女性が稼ぎ頭になって家計を支えている実態が明らかになったという。この背景には結婚後も女性が働くのが当たり前になっていることに加えて、景気の低迷で夫が解雇や減給をされるなどしたことがあるという。ただ、大黒柱になった女性のうち63%は黒人やヒスパニック系の母子家庭で、女性の年齢が若く高卒が多い。残り37%は共働きだが夫よりも収入の多い白人女性だ。それはともかくとして女性が大黒柱になるということは、離婚だけでなく夫の解雇や減給といったリスク回避にもなる。

低所得時代の家族像を作れ

「非正規労働の雇用安定化を進める」と言ったら形容矛盾かもしれない。しかし、「雇用の安定化」は可能性があると思う。ただ、安定した雇用を勝ち取る現実的な方法はいまのところ一つしかない。それは企業内で難しければ地域で労働組合を作る、あるいは加入することだ。これによって個人では認められていない権利が発生する。労働者の権利がなくなったとはいえ、労働組合としてなら会社との交渉権、団交権が得られ、使用者と自主的な労働契約を取り決めることができる(今では非正規ユニオンというのもある）。この点だけは個々人がバラバラにならず連帯するしかない。

安定雇用を確保したうえでなら非正規労働同士のカップルは可能である。非正規労働者だと夫が妻を扶養することは難しい。だから、妻は扶養の範囲内の年収103万円を超えて働いたほうがいいし、きっとそうするだろう。ヒロシさんがそうだったように、昨今では自分だけが大黒柱になるのは不安だ、自分も家事、育児をするから妻にも働いてほしいという若年男性が増えている。リスク回避をしたいからだ。具体的に非正規労働カップルとして二人でそれぞれ年収200万円くらいずつ稼ぐのはちょっとの頑張りで可能ではないだろうか。ネットのコラムにも次のような文章が見られる。

「低所得時代にあるべき夫婦像、家族像をモデル化して、これなら低所得でもやっていけるとイメージできるものを社会で構築していかないと、多くは結婚できません（40代既婚男性）」

そうなれば扶養／被扶養という上下関係は成立しにくい。このことで家庭内での脱家父長制化がすすみ、男女はフェアな関係になるだろう。

繰り返しになるが、非正規労働男子が自分は女性から選ばれない、結婚できないとしている原因は「当たり前のコース」に囚われ、偏見を偏見として受け入れているからに他ならない。けれども「25パーセントの女たち」はそのような偏見に囚われなくなっているのである。

昨今、ネットを散見すると「好きな男性が非正規雇用だったら」という問いに対して真剣な回答が寄せられたり、非正規労働の女性が「積極的に非正規労働男子との結婚を考えている」という書き込みがあったりする。その背景には非正規労働男子のほうが〈私〉の生き方を尊重してくれてフェアな関係が作れそう、という女性の深層心理があるようにも感じられる。このことを非正規労働男子がいち早くキャッチし、「自分への卑下」は終わりにし、むしろいまの立場の〈よさ〉を生かしたり「自分磨き」したりすればいい。そうすれば、非正規の彼らと「25パーセントの女たち」との出会いは広がるのではないだろうか。

そうなれば例えばドメスティック・バイオレンス（DV）は必ず減少する。DVは夫が妻を支配する結果起きるのだが、支配する背景には夫が稼ぎ、妻は生活力がないことがある。妻が稼いでいてもなお夫が暴力を振るうなら、妻はさっさとその家を出ていけばよいわけだ。「基本は共働き」で脱家父長化するなら、DV防止法を適応させるよりもより有効な防止策になるだろう。結果として女性への抑圧が減って、社会にリラックスした雰囲気をもたらすはずである。

3、「未婚ママ」という選択

「未婚ママ」とは単なる「子持ちの女」

第4章で「未婚の母」について述べた。「未婚ママ」は日本ではいまだに「男に捨てられた哀れな女」「貧乏」「日陰者」というように、母子家庭よりもさらにヒサンなイメージがつきまとう。実際、昔から未婚女性が妊娠することはいけないこと、みだらなこと、子どもは二親そろって初めて幸せになれるとされてきた。が、婚前性行為が当たり前になった今日、このことは改めて考え直す必要がある。「25パーセントの女たち」も含めて未婚女性が妊娠する可能性は十分にある。そして若いうちの妊娠、出産は歓迎されることだ。だから、「未婚ママ」になったとしても特にヒサンでも哀れでもないのだし、むしろある種の希望があるのではないだろうか。このように考え方を転換させるときに至っているのだと思う。

本章の最後にこのことについて考えてみたい。

第3章で述べたように、日本の場合、死別、離婚のように結婚制度の中で生まれた子は国でいろいろ面倒を見てくれるが、未婚のまま生んだ、つまり結婚制度の外で生んだ場合は法的保護から外れ、世間からも差別される。では、差別されるわけはなんだろう。それは、国家の独占事業である結婚制度に従わなかった、国の掟を無視して生まれた子だからである。しかし、どちらにしても女親一人で子どもを育てているという実態に変わりはない。ということは「未婚の母」への差別は大多数の人と同じ行動をしないからという偏見からきている。

婚外子出産という現象は、見方を変えれば、大変立派な可能性に満ちた生き方を示唆しているといえる。そもそもフーリエ流にいえば、「未婚ママ」は「夫婦の仲」に至る一プロセスであって、単なる「子持ちの女」であるに過ぎない。彼女が子どもを生むことを国家事業とせずに、個人的営為、プライベートなことと考えているとしたら、枠にとらわれない自由な行為をしただけといえる。もっと重要なことは「単なる子持ちの女」が増えること、つまり婚外子出産が増えることは、後に述べるように女性の自由度が上がることにつながっていくのである。ということは「未婚ママ」が増えたほうが世の中はゆったりし、いい雰囲気になり、暮らしやすくなるということだ。

これは、今のところ多くの人から「そんなバカな」と言われるに違いない。が、「世界各国の婚外子割合」（未婚の母など結婚していない母親からの出生数が全出生数に占める割合）を見れば、ありえない話

図表12　世界各国の婚外子割合

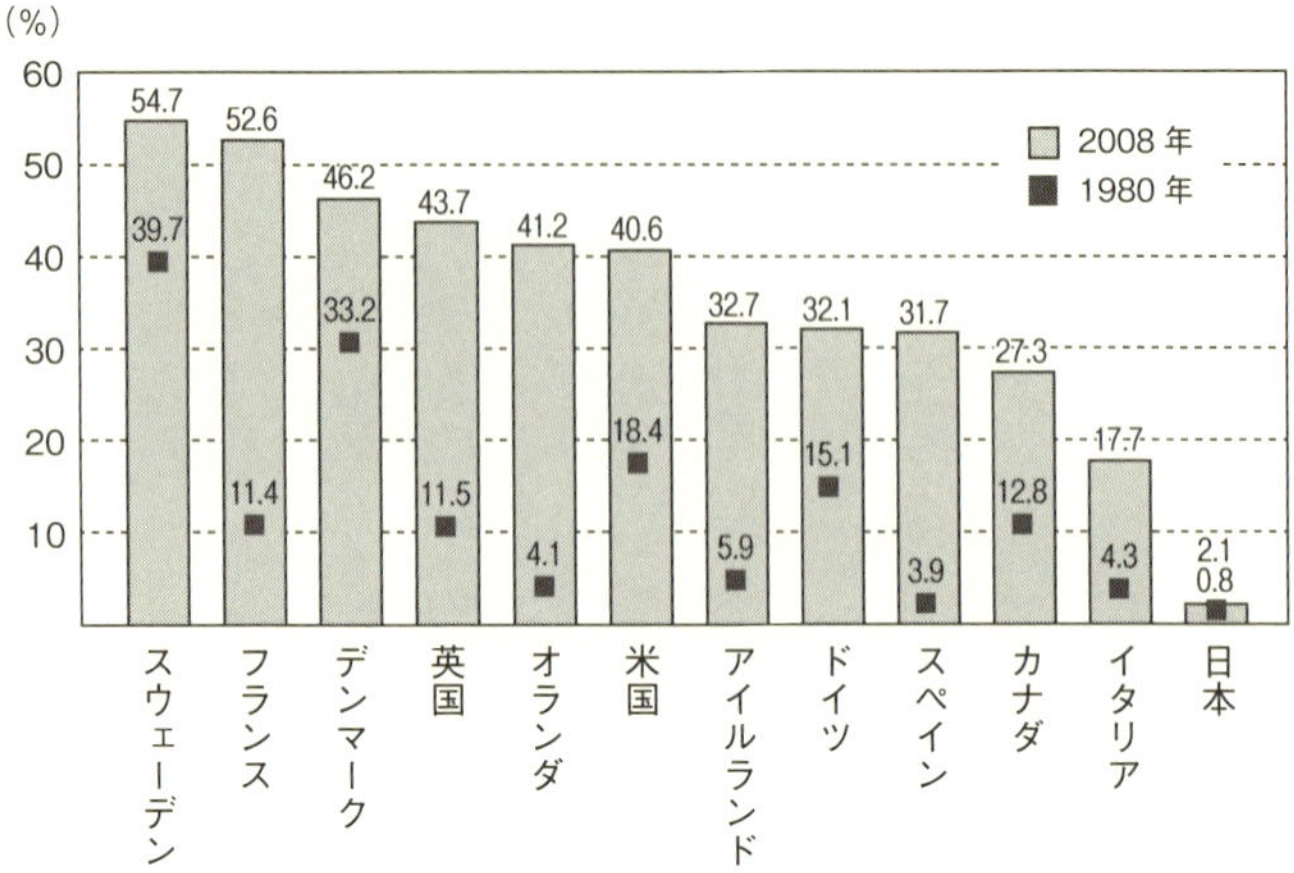

資料：米国務省および厚生労働省「人々動態調査」

どころか先進的なことだというのがわかる（図表12）。この図をみると、一目瞭然なのは日本を含めた欧米12か国中、婚外子割合が最も低いのが日本だ。逆に多いのはスウェーデンの54・7％、次いでフランスの52・8％で、子どもの母親の半分以上が「未婚ママ」である。

日本の場合98％が結婚制度内で生まれている。つまり、子どもとは婚内子、嫡出子が常識になっている。しかし、日本の常識は先進国の常識ではなくなっている。なぜ日本では婚外子が少ないかといえば、結婚外で子どもを生むと法的保護から外れ、社会的にも非難されるからだ。だから「できたら結婚」する、しないとヒサンになる。一方欧米では、結婚外で生まれた子どもにも法的保護と社会的信用がある。例えばフランスでは婚外子でも子どもを扶養していることが証明されれば、子ども手当が支給され、育児休業と休業明けの復職が保障されている。スウェーデンの場合、未婚女性へのサポートが充実した結果出生率が上がったという。

スウェーデンやフランスの出生率が上がり少子化が解消した背景には、未婚女性が子どもを生むことを差別的に捉えないということがある。差別がないから婚外子で生む人が増えたのである。要するに、多くの先進国では、若い(若くなくてもいいが)男女がカップルになったり子どもを生んだりするのは、必ずしも国家の法的枠組みの中でする行為ではないと考えるようになったということだ。結婚してもしなくても、男女関係というものが危ういとしても、その関係を保つことを国家に保証してもらわなくて結構、と考えるからだ。そうなれば「結婚」という枠に入るのをそんなに重要視する必要がなくなる。結果として逆に婚内子が増えていくこともありうる。

あとさき考えずに生む

欧米で婚外子出産の割合が多くなっているもう一つの理由は、若者が未婚でもあとさき考えずに子どもを生んでしまう、生んだ後で何とかなる、国や社会で何とかするという側面があるからだという。法的保護よりもむしろこのことのほうが大きいといわれる。つまり、法律や社会の意識よりも若者の行動が先行しているということだ。日本に即していえば「できちゃっても結婚しない」を、多くの若者が選択するということだ。

「若者があとさき考えずに生む」と言ったら「それは動物的行為だ。人間はもっと理性的に出産、育児を考えなければいけないだろう」という意見がまだまだ多数だろう。理性的にとは、お金ができてからとか、子どもを育てるに足るような親としての知識と教養、人間性を備えてからとか、育児休業が取れ保育所が完備されていることが確認できてから……ということになる。しかし、それを待っていたら、今の若者はいったいいつになったら子どもを生めるのだろうか（もちろん積極的に生まないという選択もありだ）。そして、そもそも人間はつい最近まで（特に避妊手段が普及しなかったうちは）育てられるゆとりやお金があるかないか、環境が整っているかどうかなど考えずに、つまりは合理性など考慮せずに本能的といってよいほどにどんどん子どもを生んできた（もちろん女性の身体的負担は大きかったのだが）。欧米の若者の「あとさき考えずに生む」という行為は、なんとなくこれを連想する。もしかしたら、欧米の若者たちは子を生むことや子育てが、理性的、合理的という文明社会の在り方の中で、どこかゆがめられていったことに気づいたのではないだろうか。

そしてさらに出産経験者として思うのだが、出産行為とは女性だけができる社会的使命というものではなく（そのようなことを考えて生む女性はあまりいないと思う）、文明社会における富国強兵や少子化解消策などではもちろんなく、女性という生物の一種が生態系の中で行う大いなるカタルシスであり大いなる快感に他ならない。「この行為を、女に生まれたからには一度や二度経験せずにいるなんて、もったいない」とどこかで直感的に感じたとしても、それは決しておかしな話ではない。

つい最近、ある高校に勤務する教員からこんな話を聞いた。彼は授業の合間に生徒と雑談をしていたという。雑談のどのような場面だったかすっかり忘れてしまったが、とてもイケメンで優秀な男子生徒が真面目な面持ちで次のように言ったというのだ。

「僕は結婚したいとは思わないよ。だけど子どもは今からでも育ててみたい」

10代の男子生徒と子育てはミスマッチかもしれないが、とても素敵な話だと思って聞いた。「3歳児神話」が崩壊し、母子密着型育児の問題が明らかになっているのにもかかわらず、私たちはあまりにも結婚―出産―子育てを一続きの営みとして母親がするものと決めつけてしまい、これ以外の方法だと子どもがダメになってしまうと思い込みすぎてしまったようだ。この男子高校生はきっと本心から子育てしたいと思ったに違いないし、もしそうであればだれか未婚女性が生んだ子どもをもらって、二人だけの暮らしではないにせよ、その子どもと一緒に必ずや幸せな毎日を送るに違いないと思う。そういう文脈でとらえるなら、若年女性が自己の快楽のためにあとさき考えずに子どもを生んでしまうのはとても人間的な行為だし、その子をカップルで育てる場合もあれば、一人で育てることだって、他の家族に預けたり里子に出したりすることもありうる。それらが許容される社会とは、きっと和やかな社会なのではないかと思うのである。

「未婚ママ」と女性の自由度

「未婚ママ」は欧米社会では可能な行為だ。が、もちろん過酷なケースも多い。だけど〈光〉はある。２００９年のアメリカ映画『プレシャス』を見た時、このことを強く感じた。

「プレシャス」はニューヨーク、ハーレムに住む16歳の肥満した黒人少女の名前だ。彼女は実父と義理の父のレイプによって2度も妊娠させられ、母親から「自分の男を寝取った」などと虐待を受けている。12歳の時すでに最初の子どもを生んでいて、近所に住む祖母に預けている。2度目の妊娠が学校にバレてしまい、退学させられる。その後代替学校に通いはじめ、そこでドラッグ、貧困など同じ境遇にある少女たちと出会う。やがて第2子を出産し、彼女は16歳にして2児の未婚ママになる。が、そこで読み書きを学び、自分の人生を書くことによって自己に目覚めていく。ラストシーンでプレシャスは二人目に生んだ乳飲み子を抱きかかえ最初の子どもを連れて働きながら子どもを育てるために、虐待の家を飛び出すのである。が、その表情には悲惨さはまるきりなく、何かしらを吹っ切った少女のたくましく明るい〈希望〉があるのだ。

プレシャスから受けるこの〈希望〉、あるいはオーラは「25パーセントの女たち」と重なるものがある。それはプレシャスの行く先は「性的存在」となって居場所を求める道でも、〝尽くす女〟になる道でもない、つまり男社会に依存する道ではない「第3の道」を歩むことがはっきりしている点である。そして『プレシャス』が感動を呼ぶのは、レイプによって未婚ママになったプレシャスの「家を出る」という行為に、限りない「自由」があると感じられるからではないだろうか。

このことは先に述べた「婚外子出生率と女性の自由度は相関する」ということとつながる。なぜ未婚ママには「自由」があると感じられるのだろうか。このことを考えてみたい。

婚外子を法的に保護せず、未婚女性へのサポートがほとんどない社会、つまりは現在の日本社会だと次のようになっている。

まず、男女は結婚しないと子どもは生めない（生まない）。生んだ子どもは基本的に母親がその家庭内で育てなければならない。そのため、女性の多くはそれまで作ってきたキャリア形成を断念する。が、その分育児に専念できる。これによって母親役割は増大し、男女役割分担は固定される。そうすると女性の経済を含めた生活力は落ちていくし、母親は孤立しがちになる。また、女性は経済力がないから夫に従属しなければならない。となると、家父長制は温存されＤＶなどの歯止めは難しくなる。が、かといって離婚もできない。このように女性は不自由な状況になる。国は結婚内で生まれた子どもしか保護しないから、若年女性は結婚、出産を躊躇しはじめ（出産したらキャリア形成が無理になるから）、少子化でかつ出産年齢は高い社会になる。

これに対して婚外出産への社会の偏見、差別がなく、未婚女性へのサポートが充実し、国が婚外子も平等に法的保護を適応する場合は次のようである。

男女は結婚していなくても自分たちの判断で生む（「できちゃった結婚」はありえない）。生まれた子どもが育てられない場合、国や社会、いろんな家族などのなかで多様な育てられ方をする。子育てのための手当は婚外子にも支給されるから、女性は必ずしも育児に専念しなくてもよいし、育児休業で子育てをした後復職の保障があるからキャリア形成を断念することなく働くことができる。これからは経済成長が望めない、だからカップルは基本的に共働きをしなければやっていけない。だから出産、育児で離職するケースは少なく、専業主婦という存在自体が意味を持たなくなる。母親役割は縮小し男女の役割分担も縮小するから母親は孤立しなくて済む。女性が仕事を続けられ経済力、生活力があるため、DVが起きる可能性は低くなり、脱家父長制化する。女性はカップルでも一人でも子育てができるなど自由度は増していく。

今後、前者の社会システムでやっていこうとしても、すでに内実は崩壊し空洞化している。だが、このシステムでやってきた結果今の社会があるのだし、うまくいった世代がその中核を担っているから若者はこれを拒絶できないでいる。が、若年女性の未婚率の上昇や少子化はこの体制の内部崩壊と空洞化を示している。

「25パーセントの女たち」たちは20世紀も後半になって生まれ、20世紀のシステム－終身雇用、年功序列賃金、努力すれば報われる社会、性別分担カップルなどなど――がすでに崩れかけ、時代の遺物に成り下がってから大人になった。だからこのシステムでは生きにくいと感じ、時代に合った自分たちの感性にあったシステムを望むようになっているのである。具体的にどのようなシステムであれば〈幸せ〉に生き延びられるかを、フーリエのように大いに妄想し、夢想し、空想すればいいと思う。そういう彼女たちの思い、気持ち、熱望が現実を形作っていくと思うからである。

【脚注】

i　松田茂樹　2013『少子化論　なぜまだ結婚、出産しやすい国にならないのか』勁草書房

ii　脚注 i に同じ。

あとがき

「わたし、モテないわけじゃない、結婚したい気持ちがないわけじゃない、子どもが欲しくないというわけでもない、だけど踏み切れないだけ」、そういう未婚女性の声がある週刊誌に紹介されていた。彼女のような思いを持つ未婚女性は確実に増えている。彼女たちはなぜ「踏み切れない」のか、その深層心理と行動はどのようになっているのかを読み解きたい、そして何らかのメッセージを届けられたらという思いから本書を書いた。合わせて言うなら、ここでいう「彼女たち」とは実は30年遅く生まれてきたこの私自身なのだ。

つまり仮想的未来に生きる自己に向けたメッセージでもあった。

近代家族というものがすっかり揺らぎ、解体したという議論すらある。今やシングルと夫婦のみの世帯、つまり〝標準〟と呼ばれない世帯が半数を占める。首都圏では30代女性の未婚率は5割近くになる。この数字には結婚、出産、家族形成に踏み切れない、その現実が露呈している。だからこの先もずっと「踏み切」らないでいるという選択肢はもちろんアリだ。その一方で、どうすれば「踏み切れる」ようになるのか、というリアルな解答も必要だと思うのだ。

本書では「どうしたら踏み切れるか」に対する解答を二つ示した。

一つは適齢期を過ぎそうだからといって拙速に婚活、結婚、出産をしない方がいいということ。時には同時に複数のパートナーを持ちながら「馴染みの仲」になる、間がよければ「子持ち」「夫婦」というようにゆっくりと時間をかけてステディな関係を築いていくことが大切だ。

もう一つは「未婚ママのススメ」、婚外子を生むことのススメだ。恋愛、結婚というプロセスを経ないで、結婚していようがいまいがあとさき考えずにまずは生んでしまうのも、そんなに悪いものではない。何しろ親になった男女にはそれぞれ二人ずつの親がいるし、祖父母が元気なことだって多いし、子どもを育てたいと希望する人もいるのだから。幸いなことに「結婚していない男女が一緒に住む」ことへの抵抗感は弱まっているし、「結婚していない男女が子どもを持つ」ことに「抵抗がない」と考える30代女性は他の世代よりも多く、4割強もいる（日本世論調査会　２０１４）。

結婚も子育てもコスト、経費と考えず、周囲の風潮、慣習にこだわらず、選択肢がいくつかあるなら一番好きなものを取る。その行為が楽しい、美しい、喜びであると感じられることを選ぶ時代になっていると思うからだ。

当初、私の「25パーセントの女たち」に対する思いは、ある種の興味と関心、そしていくつかの疑問というところにとどまっていた。それが、本書を書き進めるにつれて、いくつかの疑問が興味、関心は発見と納得に変わった。

発見と納得とは、彼女たちの、驚くほどの個人的資質の豊かさと、世の中の雰囲気に飲まれず堅実に生きようとする姿である。彼女たちこそが、「生きづらさ」と「閉塞感」がまん延するこの社会の「光」となるに違いないと確信している。

著者略歴

梶原公子（かじわら きみこ）

1950年静岡県生まれ。静岡県立静岡女子大学家政学部卒。高校家庭科教員として20年あまり勤務。その後教員を辞め、立教大学大学院で社会学修士。聖徳大学で栄養学博士、管理栄養士を取得。現在、社会臨床学会で活動しながら、引きこもり支援、地域ユニオンでの労働者支援などに関わりつつ、家族、若者、女性をテーマに取材、執筆活動をおこなっている。著書に『なぜ若者は自立から降りるのか』（同時代社）『女性が甘ったれるわけ』『自己実現シンドローム』（長崎出版）等がある。

25パーセントの女たち

未婚、高学歴、ノンキャリアという生き方

2014年5月10日　初版第1刷発行

著　者　梶原公子

発行者　渡辺弘一郎

発行所　株式会社あっぷる出版社

〒101－0064 東京都千代田区猿楽町2－5－2

TEL 03－3294－3780　FAX 03－3294－3784

装　丁　稲玉武

組　版　西田久美（Katzen House）

印　刷　モリモト印刷